LA VIDA CAÑÓN

ANALÍA PLAZA

LA VIDA CAÑÓN

La historia de España a través de los boomers

temas de hoy

Corrección de estilo a cargo de Júlia Sala Reyes

temas de hoy, un sello editorial de Editorial Planeta, S. A.
Avda. Diagonal, 662-664, 08034 Barcelona (España)
www.planetadelibros.com

Primera edición: septiembre de 2025
ISBN: 978-84-10293-92-2
Depósito legal: B. 13.382-2025
Composición: Realización Planeta
Impresión y encuadernación: Blackprint
Printed in Spain - Impreso en España

A mis padres, los más boomers

ÍNDICE

1 DESCIFRANDO A BÚMER BUMÉREZ

Dan un pasito hacia delante, luego otro hacia atrás, dos más hacia delante y otros dos hacia atrás. Ahí se marcan un triple toque de talón —izquierda, derecha, izquierda—, giran dos veces sobre sí mismos y vuelven a empezar. En lo que dura la coreografía, coordinada y tipo *country,* uno de los participantes da un par de palmadas y saluda a cámara. Es un señor sesentón con gafas, pelo blanco, barriguita y camisa holgada. Y se ve que disfruta. Disfruta de lo que parece una noche más bailando con veinte o treinta compañeros en el vestíbulo del hotel de un viaje organizado para gente de su edad. Por las pintas, la música que suena y la decoración del lugar, son estadounidenses. Pero podrían ser franceses, alemanes, suecos o españoles. Son boomers. Y su baile se viralizó a principios de 2023.

Un usuario de TikTok compartió la escena de estos boomers bailarines con este pequeño texto: «*Boomers* *selling their homes for $2 million after buying them in 1969 for 7 raspberries*» («Boomers vendiendo sus casas por dos millones después de comprarlas en 1969 por siete frambuesas»). El vídeo original tiene 18 millones de reproducciones y se movió por las principales redes sociales. La idea se expandió a lo largo y ancho de internet, así que hay otras versiones. En todas aparece una jubilada o un jubilado bailando. Varía el idioma, el precio de la casa —un puñado de cacahuetes, un kilo de lentejas, dos cabras y un pollo, cien pesetas y una cabra...— y el resentimiento, porque en muchos de estos vídeos el boomer baila tras venderle la casa a un millennial, siempre con una pizca de recochineo.

El meme de boomers vendiendo su casa mientras bailan refleja de forma impecable la vidorra que, después de décadas de trabajo, se está pegando esta generación. Los baby boomers —que se llaman así por la explosión de natalidad, en inglés *baby boom*, que hubo tras la Segunda Guerra Mundial— nacieron entre 1946 y 1964, aunque en España los años de desenfreno natal fueron los comprendidos entre 1957 y 1977, coincidentes con el desarrollismo franquista. Técnicamente, los boomers españoles tienen hoy entre 48 y 68 años, si bien por cómo han progresado sus vidas hay diferencias entre ellos: no es lo mismo haber nacido a finales de los setenta y que el estallido de la burbuja inmobiliaria te pillara siendo un treintañero que haber llegado ahí con cuarenta o con cincuenta, la hipoteca amarrada y los hijos casi criados. En este libro trataremos a los boomers de más de 55 años (es decir, los nacidos hasta 1970), la edad a la que empieza lo bueno según múltiples fuentes de datos: gasto en viajes y en supermercados, riqueza por hogar, porcentaje de vivienda en propiedad, etc. Por sus características culturales, los boomers nacidos en los setenta y crecidos en democracia se encajan a sí mismos dentro de la Generación X, la de *Yo fui a EGB*. No les gusta que les llamen boomers, pero basta con mirar cualquier gráfico de natalidad en España para ver que fueron parte del mismo *baby boom*.

Nuestros boomers sesenteros son también los que se acaban de jubilar o lo harán en los próximos años. Son tantos y han tenido —en general— tan buenos y estables trabajos que recibirán pensiones interesantes (y durante muchos muchos años, porque gozan de buena salud y una elevada esperanza de vida). Además, aunque ellos nacieron en familias numerosas, tuvieron pocos hijos: tras casarse fueron a por la parejita y poco más. Así que hoy en día hay poca gente trabajando para sostener a tanto jubilado, una cuestión no menor a la hora de cuadrar las cuentas de la economía española, que lleva tiempo tirando de impuestos y no solo de cotizaciones sociales (la idea original del sistema) para afrontar la creciente factura de las pensiones.

Los boomers españoles son, por grupos de edad, los que están disparando el gasto en turismo y los que sostienen el consumo en la hostelería y el supermercado. Viajan, salen y llenan sus despensas de productos *gourmet* porque son los mejor posicionados económicamente. Y son los mejor posicionados económicamente porque tienen viviendas en propiedad. El Banco de España elabora cada dos años la Encuesta Financiera de las Familias, una radiografía de la situación patrimonial y financiera de los hogares españoles. Según los últimos datos, correspondientes a 2022, el 79 % de los hogares mayores de 55 años es propietario, porcentaje que sube hasta el 83 % en el caso de los mayores de 65 años. Por contra, el porcentaje de hogares propietarios menores de 35 años ha descendido de forma brutal en una década, pasando del 69 % en 2011 al 32 % en 2022. Las viviendas no solo se han revalorizado con los años (continuando la exageración: las compraron por un par de cacahuetes y las pueden vender por cientos de miles de euros), sino que permiten a los boomers no tener que pagar un alquiler, a día de hoy tan alto que les impediría ahorrar para acceder a un piso en propiedad. En esta pescadilla están atrapados sus hijos, los millennials y los Z.

OK, boomer

La caricatura del boomer occidental pegó con fuerza en internet en 2019, cuando se popularizó la expresión «Ok boomer». La reportera Taylor Lorenz, probablemente la mejor periodista actual especializada en internet, en ese momento trabajaba en *The New York Times*. En su artículo «Ok Boomer Marks the End of Friendly Generational Relations» («Ok Boomer supone el final de las relaciones intergeneracionales amistosas»), Lorenz explicó cómo miles de jóvenes respondieron «ok boomer» al vídeo que había subido a TikTok un señor canoso, en el que acusaba a millennials y zetas de tener síndrome de Peter Pan por no querer madurar.

La expresión se convirtió rápidamente en un meme global: una forma de decirle al boomer que las decisiones de su generación condicionan, para mal, el futuro de las venideras. «La desigualdad creciente, las matrículas universitarias inasequibles, la polarización política y la crisis climática alimentan el sentimiento anti-boomer», escribió Lorenz.

Seis años después, «Ok boomer» y «boomer» han perdido una parte de su rencor. «Mi concepto de boomer es ageneracional —dice Janira Planes, especialista en cultura online y la persona a la que siempre acudo cuando necesito comprender un fenómeno digital—. Como cuando intentas compartir pantalla, no lo consigues y dices: "¡Qué boomer soy!". Es una forma de decir que no te enteras, de referirse a alguien que cree que ya ha superado todos los escalones de la vida y que, en vez de intentar entender algo, lo critica.» En España, boomer sería algo así como la evolución natural de José Luis, el nombre que se usa en redes para caricaturizar a los *cuñaos* y a las personas que no captan de qué va la vaina. «Que sí, José Luis, que no tenemos casa propia porque pagamos el Spotify y el Netflix y nadie nos quita la cañita del viernes» es un tuit elegido al azar de un joven usando «José Luis» para quejarse de los boomers en su sentido más generacional.

Para Planes, existe un humor boomer muy pasado de rosca: el que se ríe de la parienta en el matrimonio, el que hace referencia al peso de otra persona, el que pide la «dolorosa» al «jefe» en un bar... ¡El humor *cuñao*! Sin embargo, la ruptura entre generaciones era más exagerada cuando nació «Ok boomer» que ahora, porque «dentro de la Generación Z hay una parte preocupada por el cambio climático, pero la otra es muy conservadora», explica. Se refiere al auge del contenido de derechas, de tinte machista y reaccionario, asociado a comunicadores como Joe Rogan en Estados Unidos y Jordi Wild en España. Aunque los millennials (los nacidos entre mediados de los ochenta y finales de los noventa) y los zetas (de la primera década de los dos mil) sean todos hijos de los boomers, existen considerables diferencias entre ellos. Ahora los millennials, con su uso nada casual y hasta anticuado de las redes sociales, son *cringe* (dan grima) para los zetas. Son, podríamos decir, un poco boomers.

El colectivo «más egoísta» de España

Que boomer ya no defina exactamente al boomer cronológico —al que nació durante el desarrollismo, maduró durante la Transición y se compró la casa antes de la burbuja (cuando los precios eran el equivalente a dos almendras) o durante ella (cuando los bancos financiaban la casa, el coche, los muebles y las vacaciones porque España *iba bien*)— no significa que el resentimiento hacia la generación haya desaparecido. Diría, incluso, que ha aumentado. El sábado 7 de diciembre de 2023,

La Sexta Xplica dedicó su emisión a «acabar con los bulos que demonizan a los pensionistas». El arranque del programa, en el que ciudadanos de a pie debaten sobre temas sociales junto a expertos en distintas materias, fue un carrusel de vídeos de *influencers* ultraliberales —ese grupo de jóvenes jetillas que defiende vivir en Andorra para pagar menos impuestos, como Wall Street Wolverine o Pedro Buerbaum, ambos *youtubers* de éxito— cargando contra las pensiones de jubilación. Recojo un par de fragmentos:

«¿Solidario es desollar a la gente joven para pagar las pensiones?» – Adrian.Rescue.You

«Hay que empezar a poner el dedo en el colectivo de los pensionistas porque son el colectivo, de lejos, más egoísta que hay en España. Si se tiene que hundir el país para que a él le den veinte euros más al mes en la pensión, se hunde el país y se la pela. Cada puto euro que le dan a usted, señor, se lo están quitando a su nieto» – Wall Street Wolverine

El estereotipo de boomer español sigue presente en internet, quizá con más fuerza que nunca y alimentado especialmente desde perfiles de derechas. A esta versión actualizada de boomer se la conoce como Búmer Bumérez. «La equidad intergeneracional es pagarle la subida de la pensión de 4.000 euros a Búmer Bumérez y sus diez pisos con un sueldo de 1.500 euros» es otro mensaje al azar que lo define bien.

Pero empecemos por el principio: Búmer Bumérez sería el arquetipo de un señor boomer que no solo tiene la casa pagada, sino que recibe rentas por pisos y da palmas cuando el Gobierno anuncia ayudas para que los inquilinos paguen el alquiler, porque sabe que irán directas a su bolsillo. Búmer Buméreze baila a principios de mes, cuando sus arrendatarios le pagan, y a finales, cuando le entra la pensión de 2.000 euros o más. Búmer Buméreze dice que lleva toda la vida cotizando para pagársela —no asume que las pensiones *deberían* pagarse solo con cotizaciones de los trabajadores actuales y no con transferencias del Estado— y que los jóvenes de ahora no protestan, al contrario que él, que pasó la juventud corriendo delante de los grises. Búmer Bumérez vota al PSOE porque probablemente esté casado con Charo Chárez, un término en origen peyorativo para describir a mujeres progresistas de mediana edad del que, con el tiempo, se ha reapropiado una parte del feminismo. En el estereotipo, ella lleva el pelo corto y morado; en la realidad, es más bien una mujer bajita, de cadera ancha, con media melenita recta y el pelo teñido de castaño (los tiempos de larga melena al viento ya quedaron atrás), pantalón recto, blusa o suéter y un pañuelo tipo fular al cuello. Él viste pantalones clásicos de color caqui, unos mocasines sencillos, un polo azul marino metido por dentro y cinturón (en invierno, tal vez también su *fachaleco*).

A estas alturas, a Búmer Bumérez (y a quienes hablan de él) le da igual el cambio climático. Casi todo gira en torno a la vivienda y las pensiones. El término nació el 17 de noviembre de 2023 en la cuenta de X (aunque para mí siempre será Twitter) @PSOEfanAccount, que llamó Búmer Bumérez a otro usuario. A partir de ahí fue entrando en la *fachosfera* hasta asentarse. La *fachosfera* es un ecosistema del internet patrio que a su vez es reflejo de la *alt-right* estadounidense, la derecha más radicalizada y antisistema de la red.

«La derecha es más rápida que la izquierda haciendo memes para reforzar su mensaje —valora Janira Planes—. Entienden muy bien los códigos online, eso de que cuanto más diferente seas, mejor, porque va a hacer más gracia. Es la trumpización del lenguaje. Trump siempre pone motes a sus contrincantes para hacerlos más pequeñitos: a Kamala Harris la llamó *low-IQ woman* ('mujer de bajo coeficiente intelectual') y a Joe Biden, *sleepy Joe* ('Joe somnoliento').» Tampoco hay que viajar tan lejos para encontrar ejemplos: en España, son conocidos los motes que pone el locutor Federico Jiménez Losantos a actores de todo el espectro político, como, por ejemplo, Los Aristogatos al matrimonio de Rocío Monasterio e Iván Espinosa de los Monteros, quienes fueron cargos de Vox durante años. Con Búmer Buménez, a poco que uno lea los tuits que lo mencionan, se crea «el marco mental de hombre, votante del PSOE, de entre 55 y 70 años».

Lo que sucede con Búmer Buménez es que poco a poco sale de la cajita de la derecha y empieza a ser un concepto universal. Cuando un grupo de *hackers* reivindicó un ataque informático a la Agencia Tributaria, alguien escribió que había sido culpa de Búmer Buménez, «auxiliar administrativo con doce trienios», por abrir el archivo adjunto «factura_endesa.exe» (esto es: Búmer Buménez lleva toda la vida trabajando en la misma empresa y aún no se ha enterado de que no hay que abrir adjuntos sospechosos). Cuando se viralizó el típico vídeo de cientos de personas grabando con su móvil el encendido de las luces de Navidad, uno de los comentarios más exitosos en redes fue el de «no falla Bumersindo Búmer Bumérez de Bumerania con su Android con funda de tapa». Incluso en entornos laborales se le identifica ya como persona mayor que no se entera de nada: Búmer Bumérez cobra el triple que su compañero millennial pero este tiene que enseñarle a hacer fórmulas en Excel.

Así que Búmer Bumérez está entre nosotros y, a medida que crezca el debate sobre la sostenibilidad de las pensiones, la inaccesibilidad de la vivienda y las herencias como salvación de la juventud actual, lo estará más. «Creo que se le acusará —pronostica Planes— de que estamos como estamos por culpa de Búmer Bumérez.»

2
LA VIDA CAÑÓN

«Peineta pa' mi chica y un mantón, / butaca en teatro, la vida cañón» son los dos primeros versos de *La vida cañón,* una canción del grupo madrileño Alcalá Norte que triunfó en verano de 2024. *La vida cañón* es un canto al disfrute, a saborear los placeres de la vida, sean pequeños o grandes. El tema se compartió tanto que hasta la cantante Rosalía lo recomendó: «Se me ha quedado grabado en la mente —dijo—. A la que me pasa una cosa buena o me estoy gozando algo, yo digo la vida cañón». Por eso, Instagram, la red social del hedonismo por excelencia, tiene tantas publicaciones de playas, paellas o cócteles con ese pie de foto. Y por eso, en este libro, a la vidorra que se está pegando Búmer Bumérez la llamaremos la vida cañón.

La vida cañón nace del recorte de una revista de 1935 que Barbosa, el batería de Alcalá Norte, encontró por internet. En la revista había una crónica sobre cómo se esperaba al Gordo del sorteo de lotería de Navidad en los barrios bajos de Madrid. El reportero entrevista a un vecino de Lavapiés que responde: «Yo, si me tocase, lo que haría es darme una vida cañón. Se acabó el ir de *claque* a los teatros y el ver los toros desde la andanada del seis. Mi butaquita, mi tendidito, y además, a viajar: iría a Burgos, de donde era mi padre, y a Soria, de donde era mi madre. Me compraría un gramófono, y a la parienta, un mantón».

Si le hubieran tocado las 10.000 pesetas de premio, aquel vecino de Lavapiés habría sofisticado su ocio, sus compras y organizado un par de viajes por España. Así eran los sueños de la clase trabajadora antes de la Guerra Civil. Pongamos que el entrevistado tenía entonces veinte años —que era de la generación de abuelos de los boomers— y que vivió al menos hasta los setenta. En 1985, ya llevaría cinco jubilado, de modo que tal vez pudo optar a un viaje cañón subvencionado: el primero que organizó el Imserso, para el que abrió 16.000 plazas con destinos a Mallorca y Benidorm.

En aquel momento, a los viajes del Imserso iban personas mayores que nunca habían tenido la oportunidad de salir de su pueblo o ciudad. Beatriz Varela es directora de Mundosenior, una agencia que crearon Halcón Viajes, Barceló, Iberia y Marsans, que gestionó el programa hasta 2015, así que ha visto viajar a muchos jubilados y ha vivido de cerca su evolución. Al principio, cuenta, «llegaba gente a Mallorca que nunca había visto el mar ni cogido un avión. Igual tampoco un tren.

Venían con su maletita, tenían muchísimos hijos y habían tenido que trabajar para cuidarlos. A algunos los he visto llegar hasta con bolsas de plástico».

Las pensiones de los ochenta eran muy bajas: la mínima no llegaba a 200 euros al cambio. Los viajes del Imserso —quince días en pensión completa con transporte incluido por 10.000 pesetas, 60 euros, «más barato incluso que en sus propios domicilios», contaban los informativos— permitían a los jubilados ir de vacaciones a la playa y, de rebote, los hoteles de las zonas costeras podían mantener los puestos de trabajo, mientras que el Gobierno ahorraba en prestaciones por desempleo. Así lo explicaron Margarita Nájera, por aquel entonces concejala del Ayuntamiento de Calvià (Mallorca), y Joaquín Almunia, ministro de Trabajo del primer Gobierno de Felipe González, en un programa de *Salvados*. «Los inviernos en Calvià, un municipio netamente turístico, eran muy difíciles, muy tristes —recordaba Nájera—. Lo teníamos todo cerrado. Empezamos a darle vueltas para ver cómo podíamos ofrecer al Gobierno la creación de un programa de invierno. La idea era que por cada siete personas que vinieran de vacaciones se creara un puesto de trabajo. Fue un gran pacto que hicimos con los hoteleros, la patronal y los comercios.»

«Recibí a Paco Obrador, alcalde de Calvià, en el ministerio —contó Almunia—. La idea me pareció brillante. Imagínese a un ministro de Trabajo a finales del 84, principios del 85, con un paro altísimo y con la dificultad, incluso, de asegurar la cobertura de desempleo. El paro era un drama. La cuestión era cómo ponerlo en práctica. Había que negociarlo con Hacienda. Solchaga (Carlos, ministro de Economía y Hacienda) pidió que le llevara la memoria económica. Y lo conseguimos.» El modelo, aún vigente, es el siguiente: los hoteles ofrecen sus plazas a precios muy reducidos (porque son plazas que de otro modo no llenarían), el usuario paga una parte y el erario público lo demás (alrededor del 24 %). En sus memorias anuales, el Imserso suele dar el dato de cuántos puestos de trabajo directos salva cada año: entre diez y once mil.

Casi cuarenta años después del primer viaje del Imserso y noventa desde que aquel vecino de Lavapiés alumbrara *La vida cañón*, a muchos boomers no les hace falta ni Gordo ni subvención para pegársela. Tampoco es que anhelen viajar a Burgos, a Soria, ni siquiera a Mallorca o a Benidorm; lo suyo ahora es coger un avión y marcharse bien lejos: a Camboya, a Vietnam, a Sri Lanka, a China o a Uzbekistán. El Imserso para ellos es «de viejos», aunque a veces, dados sus bajísimos precios —diez días y nueve noches en Canarias con transporte incluido y pensión completa por 436 euros / persona; cuatro días y tres noches en una capital de provincia a media pensión, por 125 euros—, también optan por él.

«Los viajes del Imserso son una buenísima idea para gente que no tiene la forma física adecuada para viajar», dice Carmen, 68 años, funcionaria jubilada natural de Cartagena y residente en Madrid (pocos meses después de hablar conmigo, por cierto, viajará con su marido a Laponia para ver auroras boreales). «Esa gente tiene derecho a moverse y a cambiar de aires, pero no es un envejecimiento activo. Nosotros usamos un viaje del Imserso para el avión y el hotel, pero alquilamos un coche y nos movimos por la isla. Prefiero ir por ahí que comer en el bufé.» Lo de ir en grupo en un autocar con varias decenas de mayores más no es para Carmen ni para tantos otros jubilados actuales, razón por la cual el Imserso oferta cada vez más plazas sin transporte. «Hoy hay muchos clientes que van por su cuenta. No quieren meterse en el grupo, no se ven en un autocar con cincuenta abuelos… —dice Varela—. No se consideran a sí mismos abuelos.» ¿Y qué se consideran? Séniors, esa fórmula sofisticada que usan empresas y medios de comunicación para camelárselos.

Siete vueltas al escarabajo de la suerte

Mari Carmen, 63 años, auxiliar de enfermería natural de Madrid, viste un top de tirantes blanco, un collar de pedrería azul turquesa y un chal amarillo mostaza con el que se cubre la cabeza y parte del hombro, además de sus gafas de sol. Coge el móvil, abre la cámara, se enfoca a sí misma y se pone a dar vueltas al escarabajo de Karnak, una estatua que hay en el conjunto faraónico del mismo nombre en Egipto. El complejo del templo de Karnak es el más grande del país, pero el escarabajo en sí no es gran cosa: una piedra tallada de unos dos metros de altura cercada por una valla metálica. En los quince segundos que dura el vídeo, Mari Carmen lo rodea dos veces. «A ver, niñas. Estoy dando siete vueltas a ese escarabajo maravilloso porque dicen que trae mucha suerte.» Y lo envía directo al chat familiar. Mientras camina dando una y otra y otra vuelta, con un buen puñado de turistas que hacen lo propio detrás de ella, desea a su hija mayor suerte con su examen de conducir y a la menor que le suban el sueldo. Esta última tiene treinta años y echa nueve horas al día en una de las consultoras *big four* para llevarse 1.656 euros al mes, de los cuales una tercera parte —y demos gracias a que vive con su novio— se le van en alquiler.

Mari Carmen ha pagado 1.750 euros —los 1.515 que costaba el paquete más alguna excursión aparte— por ocho días de crucero por el país africano. Su marido, otros 1.750. Y allí se dejaron otros 1.000 euros en propinas, regalos, detalles y refrigerios varios. Unos 4.500 euros, casi tres veces el sueldo mensual de la hija menor, en una semana de octubre. Aprovechan ahora que aún trabajan para hacer estos viajes porque saben que cuando se jubilen disminuirá su poder adquisitivo. Y pueden permitírselo: con el piso pagado y «las niñas» independizadas desde hace años, es hora de vivir su vida cañón.

«Nuestro primer viaje internacional fue París, si quitas Vilar Formoso en Portugal (un municipio situado en la frontera con Salamanca y famoso por sus toallas), adonde fuimos en 1997 al cumplir diez años de casados —relatan—. Antes era muy distinto todo. Antes viajabas por España o a las Canarias, que era ya... La fiebre por viajar es posterior.» Como reconocerá durante la entrevista Domingo, 63 años, guardia civil natural de Salamanca y residente en Madrid, ahora está «mejor que nunca». En otro de los vídeos que llegó al grupo familiar, Domingo aparece ataviado con chilaba dando brincos en el *lobby* de un hotel en El Cairo al ritmo de *Potra Salvaje*, canción popular del verano de 2024, rodeado de parejas y viajeros de edad similar que contrataron el mismo paquete con el sello de la Comunidad de Madrid. «Los que iban con nosotros tenían nivel. Dos eran maestras jubiladas, o sea, que cobrarían sus 2.000 euros de pensión. Otros de Toledo que tenían un negocio de ventanas. Una pareja de Coslada: ella trabajó en El Corte Inglés y estaba prejubilada, y él era artesano. Y otra pareja un poco mayor. Se notaba que eran gente disfrutona.»

El Gobierno madrileño puso en marcha el programa *Rutas Culturales para personas mayores* en el año 2005, con Esperanza Aguirre de presidenta. Empezó dirigiéndose a personas de más de sesenta años (en 2023, la edad tope bajó a 55) y ofertando 6.900 plazas. Desde entonces, las plazas han ido aumentando hasta las 325.000 de la última edición. Durante un tiempo estuvo subvencionado —en 2010 recibió 1,6 millones de euros—, pero en la actualidad la Consejería de Servicios Sociales, de la que depende, simplemente marca un límite en el precio.

Esa condición no convierte los viajes en asequibles, ni mucho menos: el techo está en 1.750 euros por persona, 3.500 euros por pareja, justo lo que pagaron Mari Carmen y Domingo por su crucero por el Nilo. Los comercializan las principales agencias de viajes (Halcón, Nautalia, El Corte Inglés...), con las que el

Gobierno tiene un convenio y la oferta incluye opciones tan sugerentes como *Georgia y Armenia: el Cáucaso en estado puro*, *Bellezas de Omán* o *Tesoros de Cuba*, además de un amplio catálogo de cruceros. Aunque una investigación de Fernando Peinado en *El País* detectó que algunos paquetes podían encontrarse más baratos en el mercado libre, sin ir asociados a la Comunidad, porque sus precios fluctúan en función de la demanda.

Hay jubilados —o prejubilados— que pueden permitirse elevar el nivel por su cuenta, sin necesidad de acudir a la oferta autonómica y estatal. Antonio, 68 años, natural de Zaragoza, y su mujer María, misma edad, natural de Logroño (ambos prejubilados de Telefónica), han estado en el Parque Nacional de Yellowstone en Estados Unidos, en Kenia y en Uganda fotografiando la naturaleza y los chimpancés. Antes ya viajaban a lo grande, pero con sus hijos: «No es lo mismo multiplicar por cuatro que por dos. Ahora nos gusta hacer viajes muy experienciales. Son caros y exclusivos. Vamos con dos fotógrafos profesionales y ocho clientes, no en un autobús con treinta más —cuentan—. Kenia, con vuelos, nos costó 11.000 euros entre los dos. Uganda, 13.000 euros». Antonio y María complementan su pensión con el ahorro acumulado, con el plan de pensiones que les puso Telefónica y con un piso en alquiler. El piso era, en principio, para alguno de los «niños», pero como estos se fueron de alquiler con la novia y los amigos, se lo tienen alquilado «por debajo de precio de mercado» a una mujer y a sus hijos.

Los nuevos Imsersos

La Comunidad de Madrid no es la única que se ha montado un Imserso propio orientado al *abuelo* del siglo XXI, a quien España se le queda corta y que ve los viajes grupales en autobús poco apropiados para su posición. Castilla y León tiene los *Viajes del Club de los 60*, paquetes propuestos por agencias —que no son baratos, pero sí un poco más que los que hay en el mercado al ser en otoño y primavera— con destinos nacionales y europeos. Castilla-La Mancha cuenta con un programa similar para mayores de 55 años llamado *Turismo Social*, que si bien en 2021 estuvo subvencionado con 100.000 euros, ahora solo pide a las agencias ofrecer «precios competitivos». Incluso Mundosenior, que en 2015 perdió parte de la adjudicación del Imserso y se puso a vender viajes a mayores por su cuenta, lanzó circuitos por Europa: «Vimos que había un nicho y nos dio muy buen resultado. Ahora es la mitad de nuestro negocio —dice su directora—. En Europa se sienten más seguros yendo en grupo porque no manejan el idioma. Por aquel entonces no se estudiaba inglés, solo francés y muy limitado». En 2024, la empresa incorporó los viajes internacionales. Para su sorpresa, funcionaron. «India, China, Tailandia... Hay demanda, y no de personas de 55, sino de personas de 75. Yo no me lo imaginaba. Tienen ganas de experiencias nuevas y la costa, Península y Baleares ya la tienen con el Imserso.»

En este contexto, cabe preguntarse si el modelo Imserso —¡y sus precios!— tendrá sentido de aquí a veinte años. No solo porque los jubilados sofistiquen sus viajes, sino también porque la temporada alta cada vez es más larga y a los hoteles empieza a no compensarles participar. En el fondo, ya pueden vender la noche cuatro veces más cara al guiri (o nacional) de turno que viaja en otoño y primavera. En el paquete *Turismo de Escapada* del Imserso, la noche en una capital de provincia a media pensión sale a 42 euros. Pocos hoteles se encuentran ya a ese precio en ninguna ciudad española, ni en lo más profundo de la temporada baja. Hace tiempo que se traspasó la dura línea de los 100 euros la noche en un buen puñado de destinos (Granada, Toledo, Córdoba...) y otros tantos (Madrid, Barcelona, Donosti, Sevilla, Málaga, Valencia...) se acercan peligrosamente a la de los 200. Y eso solo para dormir, sin media pensión.

Entre que los inviernos ya no son tan fríos y que eso de que las empresas echen la persiana todo agosto está un poco demodé, la temporada baja se ha acortado. En Canarias, ya casi no hay; en Mallorca, donde antes cerraban en septiembre, ahora alargan hasta finales de noviembre y a principios de febrero vuelven a abrir. Los hoteles tienen turismo con más poder adquisitivo —entre otros clientes, boomers europeos que vienen a España a vivir su vida cañón— y no necesitan trabajar con el Imserso. Los propios jubilados cuestionan las bondades del programa porque todos, desde el que cobra 700 euros de pensión hasta el que se levanta casi 3.000, tienen las mismas posibilidades de aprovecharlo. Y las plazas son limitadas: hay 844.000 para más de cuatro millones de acreditados.

Los informes anuales del Imserso ofrecen una mirada incompleta al perfil de sus usuarios, pues solo dan la renta de quienes solicitan plaza y no de quienes finalmente se la llevan. Pero algunos de estos informes permiten comparar la España jubilada de 2001 con la de 2023. En ambos casos, la mitad de los usuarios estaba en el tramo de ingresos medio. Pero algo ha pasado en los tramos alto y bajo... A principios de siglo, solo un 10 % de los beneficiarios estaban entre los «ricos». Ahora los jubilados adinerados, los que cobran más de 2.100 euros al mes, suponen una cuarta parte de los usuarios, casi lo mismo que los pobres que cobran menos de 1.000 euros. El perfil del jubilado está cambiando —es más *echao p'alante* y tiene ganas de mambo— y su bolsillo, lo más importante, también.

Esas neveras tan llenas

Ana, de Logroño, Andrea, de Barcelona, y Natalia, de Madrid, no se conocen de nada, pero tienen varias cosas en común: su edad, entre 28 y 30 años, y la fascinación por la nevera de sus padres, todos mayores de sesenta. «Tienen tantos tipos de jamón, queso, yogures, verdura... ¡Y todo tan ordenado! Y el congelador lleno de carne y pescado de calidad, *tuppers* de comida preparada... La despensa con tantos tipos de legumbre, de pasta, con una caja de conservas tipo *gourmet* que compran en sus viajes, y una balda llena de bebidas por si vienen visitas», suspira Natalia. «Mis padres tienen un frigorífico lleno, un arcón y los armarios de la cocina a rebosar de alimentos no perecederos. Es acumular por acumular —ríe Ana—. Si hubiera una guerra, tendríamos para sobrevivir.»

¿Gastan más en la cesta de la compra los boomers que el resto? Las empresas de investigación de mercados coinciden en que la inflación que desató la guerra de Ucrania a partir de 2021 afectó mucho más a las familias con hijos que a los hogares séniors, como catalogan a los mayores de 50 años. Y esto sucede dentro y fuera del hogar. Más de la mitad del gasto en gran consumo (supermercados, tiendas tradicionales, online...) que se hace en España corresponde a este segmento, según un informe de Nielsen; y fuera de casa, en bares y restaurantes, son también los séniors los que sostienen el gasto. «Las familias de entre 35 y 49 años tienen mucho gasto fijo: hipoteca, colegio de los niños... Les queda menos para el ocio —dice Cristina García, directora de restauración en Kantar—. Los mayores de cincuenta son los que menos han reducido sus ocasiones de salir porque son los mejor posicionados económicamente.». Por eso los clasificaron como «disfrutones»: salen a celebrar los fines de semana acompañados de otros adultos, sin niños.

«Hay dos explicaciones —continúa—: una, que son adultos y disfrutones, y, otra, no menor, que es la pirámide de población española, cada vez más envejecida.» Con los datos en la mano, hay 16 millones de personas mayores de 55 años en España. Suponen el 34 % de la población.

La *adultización* del consumo se percibe en detalles como los menús de Burger King del cocinero Dabiz

Muñoz, una persona que en su exclusivo restaurante cobra 450 euros por cabeza (¡sin vino!) y que vende botes de salsa brava con su nombre a 8,5 euros. Sin duda, precios populares al alcance de los bolsillos más apretados. «Las cadenas de *fast food* siempre han sido de chavalillos, pero cada vez sacan más versiones prémium», observa Cristina García. Según los datos de su consultora, un alto porcentaje de los compradores que atrajo Burger King con la King Dabiz era de mayores de 50 años. Lejos quedan los tiempos en los que el Burger era para ir con los amigos del colegio a gastarse la paga semanal: ahora son los padres *foodies* los que van a probar el último invento de su ídolo gastronómico, a 12 euros el menú.

Si los mayores —de 50 y, especialmente, de 65 años— pueden volar a Laponia a ver auroras boreales, comprar conservas finas en cada viajecito de interior y salir de restaurantes con sus amigos boomers no es solo porque tengan ya *colocaos* a los hijos y no les quedan cuotas de hipoteca por pagar, también es porque conforman los hogares con mayor riqueza de España por tramos de edad.

La edición más reciente de la Encuesta Financiera de las Familias constató que la brecha entre generaciones se ensancha. Desde principios de siglo, la renta de los mayores de 65 no ha parado de crecer y la de los menores de 65 no ha parado de bajar. Todos los grupos en edad de trabajar tienen hoy menos capacidad de compra que en 2002. Lo explica el periodista Javier Jorrín de *El Confidencial* en su pieza «La desigualdad generacional no frena: los jubilados son ya el grupo con más riqueza». En ella, escribe: «Las cifras constatan que la desigualdad intergeneracional sigue aumentando por dos motivos. El primero es que las pensiones están blindadas contra la inflación, por lo que la renta de los jubilados ha crecido de forma intensa en los últimos años en precios corrientes. Por el contrario, la mayoría de los trabajadores ha perdido capacidad de compra. El segundo es que, a medida que acumulan más riqueza, reciben más rentas del capital. Esto supone, en muchos casos, una extracción de recursos de otros grupos sociales, especialmente cuando alquilan sus viviendas». En el artículo, Ángel Gavilán, hasta mayo de 2025 director de Economía y Estadística del Banco de España, recomendaba que se reconsiderasen «las cuestiones intergeneracionales en el diseño de las políticas públicas», ya que, además de las pensiones, los mayores reciben ayudas para el transporte público, el cine o la playa.

Labios de fresa, sabor de amor

Roser y Conrado son tan disfrutones ahora como lo eran en su adolescencia y su juventud. Ambos tienen 65 años, son jubilada y prejubilado de banca, naturales de Barcelona y de padres emigrantes (Murcia y Málaga). «La verdad es que antes de casarnos, entre el 74 y el 82, también nos lo pasábamos muy bien —cuentan—. Salíamos, quedábamos con amigos, íbamos a merendar, a bailar o al cine. Como estudiábamos y trabajábamos, nos veíamos los miércoles, los sábados y los domingos en la Plaza de Cataluña. En Barcelona había muchos *pubs* en los que tocaban el piano, y allí íbamos en pareja o en grupo a tomar algo.»

Roser y Conrado empezaron prontito de novios, con apenas 15 años, y tuvieron a su primer hijo en 1986. Vivieron de alquiler un tiempo, hasta que el bebé cumplió dos años, y se metieron en una hipoteca. «Ahí ya íbamos más justos», recuerdan. El sueldo de Roser iba para pagar la letra y el de Conrado «para todo lo demás». Aunque cuando eran jóvenes viajaban —«Me compré un coche pequeñito de segunda mano para ir a la playa y a la montaña», dice él—, no fue hasta sus 50 años cuando empezaron a viajar: a París, Londres, Praga y Budapest. En el día a día, además de ir al club de pádel, a inglés, a bailes de salón y al *aquagym*, quedan «a comer con los amigos, a cenar, a tomar algo por la mañana... Estamos demasiado bien —ríen—. Tendríamos que aflojar un poco. Ahora tienes tiempo para comer y salir, pero si no te controlas, el médico te echa la bronca».

Sentado en un sofá de cuero blanco de su oficina al terminar su jornada laboral, Vicente Pizcueta reflexiona antes de lanzarse a hablar: «Yo siempre digo que somos la generación del tardofranquismo —comienza—. Cuando murió Franco, mi hermano tenía 16 años. Yo, 13. Éramos más pequeños. Esa pequeña diferencia es grande, porque en poco tiempo ocurrieron muchas cosas».

Fui a ver a Pizcueta por dos motivos. Uno: es boomer, superboomer, nacido en 1962, pleno *baby boom*. Y dos, y más significativo: es una de las personas que más sabe de ocio nocturno (y diurno) de España. Hace tiempo me puso sobre la pista de una moda llamada «tardeo» que empezó en Albacete y Murcia y se extendió a Alicante, Zaragoza, Barcelona y Madrid. El artículo «Albacete y Murcia, a la vanguardia de la industria del ocio: ponen de moda el "tardeo" para beber y llegar a casa a cenar», que escribí sobre su historia, hablando con el primer hostelero albaceteño que lo montó y explicando el pique que tienen con los murcianos y los alicantinos por atribuirse el invento, fue un éxito. De joven, Pizcueta dirigió algunas de las discotecas más famosas de la Ruta del Bakalao y ahora es consultor de comunicación y portavoz de la asociación de empresarios de ocio nocturno España de Noche. Me interesaba saber cómo había sido el ocio de los boomers en su juventud, cómo era ahora y si entre ambas etapas había algún tipo de conexión. No tardó en desarrollar su teoría: «Los años de 1975 a 1980 son clave en la historia de la democracia y la evolución social. En aquel momento, salvo antros muy alternativos, la vida nocturna no era democrática: era minoritaria y de ejecutivos elitistas. Lo popular estaba en las fiestas de barrios y pueblos. En poquísimos años eso se revolucionó», dice. Este consultor, filósofo de formación, habla de la «revolución lúdica», de la «utopía de libertad», que, sumada al vacío de normativa (las leyes de espectáculos fueron de las últimas que aprobaron las Autonomías), transformó los espacios de ocio y la forma de divertirse. «Nuestra generación se ha resistido a desaparecer de la vida social. Mi padre con 45 años se metió en casa: llegaba un punto en el que la socialización se limitaba al ámbito familiar.

Hemos sido la primera generación que ha vivido plenamente su ocio, igual que hemos hecho de viajar algo innegociable.»

Pizcueta, que estudia desde hace años las tendencias de ocio nocturno a través de encuestas con su ONG Controla Club, da un dato: en los noventa, la media de salidas nocturnas era de ocho al mes; ahora, de dos o tres. «El ocio digital no existía, así que tú eras joven y te reunías con tus colegas en el *pub* de debajo de tu casa. Por eso, los boomers nos preocupamos cuando nuestros hijos no salen: pensamos que están deprimidos o tienen algún problema. Ahí te das cuenta de que eres un poco viejuno.»

En Valencia, estaba la Ruta —que empezó en los ochenta, aunque su popularización y posterior criminalización sucedió en la década siguiente—; en Madrid, la Movida, y en Barcelona, el *underground.* Pero el fenómeno «de salir», más allá del ocio nocturno, fue nacional. Como explica el libro *En éxtasis* de Joan Oleaque, el primero que se escribió sobre la Ruta, en Valencia el ambiente rural tuvo mucha importancia porque había un *pub* en cada pueblo. Y no solo allí: en los pueblos de Segovia, donde pasó parte de su juventud el matrimonio de Mari Carmen y Domingo, «empalmabas el café con el vermut y el vermut con la discoteca».

¿Dónde van ahora estos pioneros de la farra democrática? Los *early* boomers, que ya están en sus sesenta, comen con sus amigos y se toman una copa en casa o en el restaurante, si el médico se lo permite. Los *late* boomers, nacidos en los setenta y *cincuentañeros* de pro, son carne de cañón para las sesiones de tardeo de las que Pizcueta me habló hace años y que no han parado de crecer desde entonces. Y una sintonía perfecta de ambos se da en locales como el Cien por Cien de Madrid, alias *el templo del calvo*, un *pub* con música en directo en el que la gente *mayor* danza al ritmo de «Óyeme, mi Lola, mi tierna Lola...» o «Laabios de fresa, sabor de amor».

Cuando estuve allí, un sábado de otoño hacia las once de la noche, varias mujeres de sesenta que bailaban divertidas con sus amigas me contaron que habían conocido el garito por TikTok. Hacía frío fuera, pero Begoña, 57 años, dos hijas y la casa pagada, echaba un cigarro detrás de otro en la entrada mientras contaba decepcionada sus vivencias masculinas: había tenido un marido de toda la vida, luego se había divorciado y en ese momento salía de un noviazgo de dos años. Para tener descendencia, decía, no hacen falta señores: al final, una se apaña mejor sola. Como ella y su grupito —todas divorciadas y dicharacheras—, había varios de hombres con camisa y el pelo *p'atrás*. ¡Y alguna cita boomer! El Cien por Cien funciona en ocasiones como sede de los encuentros de Desparejados, un grupo que organiza tardeos, clases de bachata, fiestas del semáforo (cada asistente se pone una pegatina y el color indica su disponibilidad afectivo-sexual) y escapaditas rurales para solteros séniors. Los vídeos que cuelgan en su Instagram, donde se los ve bailando a tope con la vida, son el «boomers vendiendo sus casas por dos millones después de comprarlas en 1969 por siete frambuesas» versión cañí.

3
INFANCIA BOOMER

La vida de los boomers no siempre fue una fiesta. De hecho, en muchos casos, empezó regular: con sus padres huyendo de la miseria de los pueblos hacia zonas más prósperas. Más de 3 millones de españoles emigraron del campo a la ciudad en los sesenta, coincidiendo con el final de la autarquía y la apertura de España al mundo durante la segunda etapa de la dictadura de Franco. Los que entonces eran jóvenes dejaron de trabajar la tierra y marcharon a la fábrica; dejaron de ser jornaleros para convertirse en obreros. Las industrias se concentraron en Barcelona, Madrid y Vizcaya, provincias que experimentaron un crecimiento demográfico sin precedentes: en una década, Madrid ganó 1,4 millones de habitantes; Barcelona, 1,3 millones y Vizcaya, 400.000. Los boomers nacieron en esas ciudades o llegaron a ellas de críos, metidos en furgonetas con toda la familia.

«La emancipación de los jóvenes era temprana: te ibas de casa porque podías y te esperaba un futuro brillante —dice el sociólogo Pau Miret, del Centro de Estudios Demográficos—. Las expectativas eran altas, la cosa iba a ir a mejor, así que la gente tenía muchos hijos siendo muy joven. Eso provocó el *baby boom*.» Entre 1957 y 1977, nacieron en España más de 14 millones de niños, una media de 670.000 cada año. El pico se alcanzó en 1964 con 697.697 nacimientos, más del doble que en 2023.

Pongamos el caso de Espe, una mujer de 64 años que llegó a Barcelona con 6 años. Su madre, de Sevilla, tuvo ocho hijos —empezó a parir a los 20 y terminó a los 35— y, después, se quedó viuda. La abuela de Espe ya había emigrado a Cataluña. Tener un vínculo en la ciudad provocó que el resto llegara poco a poco: primero subieron los hermanos mayores, después, la madre y, finalmente, Espe y sus hermanos pequeños.

«En Sevilla, mi padre trabajaba en la fábrica de Renault —cuenta—. Cuando murió, nos dijeron que para mi hermano había un puesto, pero ¿y el resto? Con su sueldo no llegaba para todos. No había trabajo para la gente mayor y tampoco para los niños, porque éramos niños. En Barcelona... pues te ganabas la vida haciendo recados en un supermercado o de aprendiz en una farmacia, como entró mi hermano. Un poquito de aquí y un poquito de allá. Cerramos la casa de Sevilla, cogimos lo que cabía en una furgoneta y todos metidos vinimos a Barcelona. Así acabamos aquí.»

Aquí es en Verdum, al norte de la ciudad. Verdum es uno de los barrios que conforman Nou Barris (en castellano, Nueve Barrios), distrito que acogió a decenas de miles de inmigrantes en la década de los sesenta. Verdum, como sus zonas colindantes —La Guineueta, La Prosperitat—, es un lugar de edificios de ladrillo caravista y toldos verdes, de anárquicos cerramientos de terrazas, cada uno de su padre y de su madre, para ganarle unos metros al salón. De salones presididos, con toda seguridad, por un gigantesco mueble aparador en el que estará guardada con mimo la vajilla buena que solo se saca en Navidad. De aparatos de aire acondicionado colgados de las fachadas. Es un paisaje desarrollista semejante al que puede observarse en barrios de la periferia madrileña como Aluche y Carabanchel. Y es que, pese a estar a más de seiscientos kilómetros de distancia, lo que ocurrió en ambos sitios fue lo mismo. La infancia y la adolescencia de los boomers hijos de emigrantes fue parecida en un lado y en otro porque compartieron muchos procesos: la construcción de casas bajas por las noches, la movilización vecinal reclamando servicios e infraestructuras e incluso el secuestro de autobuses para obligar a que llegaran al barrio desde las zonas más céntricas de la ciudad.

Como recoge la antropóloga Inés Gutiérrez Cueli en su tesis *Venir de barrio*, los habitantes de las periferias de estas grandes ciudades tienen en común la sensación de «no pertenecer a la ciudad o, más bien, de que su ciudad es el barrio y la ciudad con mayúsculas es el centro y también los vecindarios ricos». Gutiérrez cita al escritor Javier Pérez Andújar, nacido en 1965 (superboomer) en el barrio obrero de Sant Adrià de Besòs, en las afueras de Barcelona, que escribe: «Estaba yo más cerca de los pisos de la M-30 de Madrid [...] que del paseo de Gràcia o de cualquier otra calle del centro de Barcelona».

Infancia en el barro

La llegada de inmigrantes rurales —principalmente de Andalucía, Extremadura, Murcia y las Castillas— a los núcleos industriales coincidió con las décadas de mayor actividad ladrillera en España: los sesenta y los setenta. En algún sitio tenía que vivir toda esa gente, así que el régimen franquista puso en marcha una serie de políticas destinadas a fomentar la construcción. Es famosísima (y ya está incluso un poco manida) la frase que pronunció en 1959 José Luis de Arrese, el primer ministro de la Vivienda del país, durante un homenaje que le hicieron los agentes de la propiedad inmobiliaria: «No queremos una España de proletarios, sino una España de propietarios». A través de dicho ministerio, del Instituto Nacional de la Vivienda, de las leyes de casas baratas —vigentes desde los años veinte— y de muchos recursos públicos en forma de apoyo, suelo y financiación, se creó una industria que llegó a edificar 6,4 millones de viviendas en solo dos décadas. Nunca jamás en la historia de España, ni en los años más boyantes de la burbuja inmobiliaria, se ha alcanzado una cifra similar.

Antes de los pisos, entre finales de los cuarenta y los cincuenta, fueron las casas bajas, las barracas, las cuevas y las chabolas. Por supuesto, esto no significa que todos los boomers españoles crecieran en viviendas tan precarias, pero ello constituye una parte fundamental de la historia. Sus padres —*nuestros* abuelos, en contexto millennial— vivieron una durísima posguerra, se sacrificaron, emigraron y trabajaron como mulas para poder ofrecer a sus hijos una vida mejor. Y vaya si lo consiguieron. En pocas décadas, España pasó de ser un país atrasado a construir una economía y un estado de bienestar que, aun con sus fallos, han permitido a estos hijos prosperar, acceder a una vivienda y, ahora que se jubilan, cobrar pensiones apropiadas y que se revalorizan con la inflación. ¡Y encima tienen los viajes del Imserso! Desde el punto de vista urbanístico y que nos ocupa, cuesta creer que hace solo cincuenta años zonas como Vallecas u Orcasitas, al sur de Madrid, y más allá de lo que hoy es la autopista M-30, fueran mares de chabolas y calles sin asfaltar sobre las que ahora se levantan bloques de viviendas, parterres y aceras limpias en las que terracear.

El relato sobre los barrios periféricos y sus casitas autoconstruidas se ha empezado a explorar en los últimos años en el cine y la literatura. El ejemplo más popular y reciente es la película *El 47*, que cuenta la historia de un conductor de autobús extremeño afincado en Barcelona. Un día secuestra su propia línea para llegar hasta Torre Baró, un vecindario un poquito más al norte de Verdum en el que se asentaron familias de emigrantes a partir de los años cincuenta. Para llegar hasta Torre Baró, hay que subir buenas cuestas, por aquel entonces de tierra, y el Ayuntamiento —que, todo sea dicho, no tenía interés alguno en aquella zona ni en sus vecinos— alegaba que por esa razón los autobuses no podían acceder hasta allí. Así pues, Manolo Vital, el protagonista, coge un día el bus y decide tirar hacia arriba, ayudado por vecinos que cubren los baches del camino con maderos para que el vehículo ruede sin encallar. Lo consigue, y el barrio celebra la llegada, por fin, del transporte público, pero Vital termina detenido.

Manolo Vital existió de verdad. Por su fecha de nacimiento, en 1924, fue uno de esos padres de boomers que salió del pueblo buscando un futuro mejor y que peleó junto a sus vecinos para que la Administración los tuviera en cuenta: no solo para que activara rutas nuevas para los autobuses, sino para que asfaltara sus calles o les instalara el suministro de agua corriente. Porque barrios como Torre Baró se construyeron a mano, en terrenos no urbanizables y en plena noche. La película lo cuenta bien: el proceso habitual era ponerse a levantar cuatro paredes lo más deprisa posible por la noche y llegar al amanecer con un techo, pues, si había techo, la Guardia Civil no ordenaba su derribo. En *Orcasitas: memorias vinculantes de un barrio,* el líder vecinal y posterior concejal del Ayuntamiento de Madrid Félix López-Rey describe el mismo operativo: «Hay muchas familias que llegan a Orcasitas y a otros barrios del sureste con lo justo [...]. La angustia de los primeros momentos les obliga a levantar por la noche, bajo el manto de oscuridad y fuera de las miradas de la ley, una chabola con prisas a base de chapas, maderas, palos, cartones y material de desecho». También habla del posterior miedo a la piqueta, el terror de que llegaran las fuerzas del orden y echaran sus sueños abajo.

«La piqueta no solo derriba una construcción extremadamente pobre: derriba esperanzas y deseos —escribe—. Se convierte en un arma de expulsión e intolerancia. Es una llave que cierra el camino a una vida mejor. Hizo más daño que la culata del fusil de un guardia civil, porque después de la piqueta no quedaba nada, solo la solidaridad de los vecinos. La vuelta al pueblo se convierte en una derrota personal y en una tragedia familiar.» La piqueta, cuenta López-Rey (cuyos padres emigraron desde Polán, en Toledo), era en esas zonas un trauma tan profundo como el barro. Como las calles no estaban asfaltadas, el barro condicionaba la vida diaria: si una mujer se ponía de parto y resulta que llovía, lo mismo el taxista se negaba a sacarla de allí. Había quioscos justo donde empezaba la carretera para que la gente pudiera dejar sus botas de goma y ponerse los zapatos antes de ir a la ciudad a trabajar. Las madres llevaban a los niños a caballito hasta el colegio para que no llegaran sucios. Esos niños a los que se ve correteando a la intemperie en todas las fotografías de la época son miniboomers.

Padre obrero, hijo burgués

Lluís Cabrera es músico, escritor, inmigrante andaluz en Barcelona y técnicamente preboomer porque nació en 1954, tres años antes de que explotara la natalidad. Su historia, que ficciona en el libro *La vida no regalada*, es la de tantos otros hijos de andaluces que terminaron en Barcelona y alrededores. Cabrera es, además, activista cultural y militante en temas de inmigración. Llegó a Verdum en 1964, con 9 años, después de dieciocho horas de viaje en un camión desde Arbuniel, en Jaén. «Un paisano del pueblo se dedicaba a hacer viajes para arriba y para abajo —cuenta—. Ahí metimos cuatro trastos, las camas y *p'alante.*» La otra opción que barajaron sus padres fue dejarlo a él y a su hermana con las abuelas y emigrar a Francia, Suiza, Bélgica o Alemania, como hicieron más de 70.000 españoles.

Cabrera me recibe en el Taller de Músics, una escuela de música especializada en flamenco, *jazz* y géneros modernos, con sede en El Raval. El Raval es puro centro de Barcelona, una zona de paisaje muy distinto —calles estrechas y sinuosas, balconcitos de forja..., ¡esas monerías que tanto gustan a los guiris!— al de los barrios del aluvión, como también se conoce a los barrios de toldos verdes (por el aluvión, se entiende, de inmigrantes que recibieron durante el franquismo y la Transición). Aunque ya no trabaja en el día a día de la escuela —constituida como fundación—, pasa por allí con su boina y todos los trabajadores y alumnos le saludan: la fundó en 1979. Charlamos durante más de una hora en uno de los locales, porque tienen varios. Cuando al final le pregunto si sigue viviendo en Verdum, responde divertido: «No, ¡yo ahora soy un burgués!».

Cabrera, al igual que su hermana y que muchos de su generación, cursó estudios primarios en el colegio y después se puso a trabajar. Primero, en el textil y, más tarde, repartiendo periódicos en una moto para, finalmente, terminar trabajando en bares, bodegas y distribuidoras de libros. Con 25 años, y por su relación con las peñas flamencas de Nou Barris, se animó a crear el Taller de Músics. Y desde entonces. Ahora está jubilado y es propietario de una vivienda en Gràcia, «un barrio interclasista donde hay mucho artista y profesional liberal». O lo que en algún momento se conoció como barrio *hipster* y hoy es simple y llanamente un lugar gentrificado, con los alquileres por las nubes y multitud de cafés de especialidad.

Sus padres, desde luego, de burgueses tenían poco. «Después de la Guerra Civil, en Andalucía hubo mucha represión. La sufrieron todos aquellos cuyas familias no eran terratenientes ni del régimen, porque no les daban trabajo. Allí trabajabas como jornalero. Te contactaba el dueño de la tierra y recogías lo que fuera: garbanzos, trigo, cebada, lentejas o aceitunas. Pero trabajabas por un duro. Ese dinero no te permitía vivir y por eso casi un millón de andaluces salimos para Cataluña —cuenta—. En una semana, la gente pasaba de ser un jornalero andaluz con futuro negro a ser un obrero no cualificado. Se cobraba por semanas. Una semanada ya permitía un desahogo. Cuando llegaba el sábado, la madre podía ir al mercado a comprar.»

Su padre entró en una empresa metalúrgica gracias a un paisano del pueblo. Otro, no el del camión. Así funcionaba la cosa: alguien empezaba a trabajar en algún sitio y, si hacía falta más gente, llamaba a amigos y allegados de su localidad. Por eso, cuando las familias se asentaban en los barrios, tanto en los de la ciudad como en los de la corona metropolitana, se sentían *casi* como en casa. «La generación de las chabolas y las chozas es anterior a la mía. En los sesenta había algunas casas con zaguán y huerto, pero eran cuatro: las de los propietarios que no habían querido vender para que se construyeran edificios de seis plantas con cuatro pisos por planta. Eran monstruos. En mi bloque había más gente de Arbuniel. Llegabas y te encontrabas con que todo el mundo era andaluz, con que la mayoría de la gente tenía el mismo acento que tú», dice. Tras vivir en una pensión y tantear el terreno, sus padres le acabaron comprando un piso a un tercer paisano del pueblo que vendía el suyo. «Fueron al banco y pagaron una hipoteca, lo típico de comprar. Nuestro caso es muy normal.»

El escritor y su hermana, cuatro años menor, aprendieron catalán rápido. Eso sí que no era lo habitual. Incluso hoy hay matrimonios que después de toda su vida allí —después de haber trabajado, haber comprado una casa, haber tenido hijos, haberlos casado y ya ser abuelos— no lo han aprendido, porque ni se han interesado ni lo han necesitado en su día a día. Cabrera cree que parte de su progresión a ser «burgués» se debe a este factor. «En el colegio no te lo enseñaban, pero nosotros nos hicimos amigos de un niño catalán de nuestra edad. Su familia tenía televisión en casa y, de tanto ir a verla y de jugar con ellos, aprendimos a hablarlo.» El resto del tiempo lo pasaban en la calle, que aunque ya estuviera poblada por torres de pisos seguía destartalada, sin asfaltar y sin servicios básicos: ni colegios ni institutos ni centros médicos ni transporte público. «Era muy precario —dice—. Todo eso se ha logrado a base de asociaciones de vecinos.»

El movimiento vecinal

Mientras los boomers crecían e iban al colegio a completar la educación básica obligatoria —la Ley General de Educación, que la estableció hasta los 14 años, data de 1970, cuando ellos eran niños—, sus padres, aquellos que habían llegado desde el campo, se organizaban en los barrios para exigir mejoras. Sus padres y, sobre todo, sus madres, que al final eran las que estaban en casa, acudían a las caceroladas y cortaban el tráfico cuando era necesario. Aunque el protagonismo del movimiento vecinal de los setenta se lo hayan llevado los hombres, basta con mirar las fotografías y los recortes de prensa de aquel entonces para darse cuenta de que quienes daban el callo eran ellas. «Mujeres contra camiones» es el titular de la crónica de una protesta que hubo en Orcasitas tras el atropello mortal de un niño por una hormigonera. Las más progresistas de la época crearon el Movimiento Democrático de Mujeres —en sus inicios formado por militantes del Partido Comunista— y se infiltraron en las asociaciones de amas de casa, que sí contaban con el beneplácito del régimen, para difundir sus ideas. Según me explicó una de las integrantes, Mercedes Comabella, «el trabajo vecinal era una herramienta para contactar con el mayor número de mujeres. Si había que protestar por algo en el barrio (por ejemplo, que una vía de tren provocaba accidentes) movilizábamos a las mujeres. Y ahí introducíamos el aspecto feminista». Al final, y como se observa en muchas imágenes históricas, las mujeres lideraron peticiones como la apertura de escuelas o de guarderías para sus bebés. Las feministas aprovechaban estas preocupaciones tan *blancas* para hablarles de discriminación. El Movimiento Democrático de Mujeres, todavía hoy ni demasiado reconocido ni documentado (al menos, no tanto como el movimiento vecinal en general), fue criticado por dividir la lucha de los barrios, pero ellas tenían claro que su objetivo no era vecinal: era feminista.

El régimen franquista abrió un poco la mano con el asociacionismo a partir de 1964: hasta entonces, solo promovía las asociaciones de cabezas de familia. En Madrid, las primeras asociaciones de vecinos (Orcasitas, Palomeras Bajas, El Pozo del Tío Raimundo…, todas en los barrios del sur) se constituyeron a principios de la década de los setenta y fueron manteniendo reuniones con el Ayuntamiento para informar de sus problemas. «En Orcasitas, no existía el hormigón, todo era barro, no había alumbrado ni alcantarillado ni recogida de basuras», relata López-Rey sobre uno de estos encuentros con el concejal del distrito. Tampoco había retretes: estaba a punto de morir Franco y de empezar la Transición (hablamos de antes de ayer, como aquel que dice), pero los habitantes de la periferia hacían sus necesidades en latas o en descampados. En zonas donde ya se habían levantado torres —como el barrio del Pilar, al norte, promovido por el constructor José Banús, el mismo que montó Puerto Banús en la Costa del Sol— la situación era solo un poco mejor, porque había váteres pero faltaba todo lo demás.

Los boomers, miniboomers entonces, participaran o no sus familiares activamente en la movilización, guardan algunos recuerdos de aquello. «Mi colegio era un patio con casetas y una azotea con una lata a la que subíamos a hacer pis. Lo llamaban el colegio de los cagones —dice Ana, natural de Salamanca, de 66 años y criada en Villaverde, al sur de la capital—. Todo aquello era campo y casas bajitas. Íbamos al vertedero a coger zapatos para jugar. Teníamos la costumbre de decir que íbamos a Madrid aunque fuéramos de Madrid. Ahí luego se hicieron edificios de cuatro o cinco plantas.»

Las luchas del sur madrileño en los setenta concluyeron con la redacción de planes urbanísticos parciales que sustituyeron las chabolas por bloques de pisos —de ladrillo caravista y toldos verdes, como te puedes imaginar— para esos mismos vecinos. Ahí estuvo el gran logro: defender que ese suelo periférico, que hasta entonces no importaba nada, había adquirido valor gracias a ellos y que, por tanto, les pertenecía. Los boomers más jóvenes crecieron en los pisos, ya no en las casitas. Y, aunque sigan rememorando una infancia llena de barro —porque en determinadas zonas el pavimento tardó en llegar—, ese salto supuso una subida de estatus. Eloy, de 52 años e hijo de padres abulenses emigrados a Madrid para trabajar en la fábrica Barreiros de Villaverde, cuenta que ser de los primeros en pasar a los pisos le convirtió en uno de «los pijos del barrio».

Niños trabajadores

La mayoría de los boomers eran niños o preadolescentes cuando murió Franco, el 20 de noviembre de 1975. Recuerdan tener el día de fiesta, quizá ver a sus padres de celebración o acercarse con ellos a la cola que se formó para ver el féretro en el Palacio Real. Pero, siendo tan críos, sus vidas no cambiaron radicalmente. En esa época, muchos de ellos ya trabajaban, estuviera Franco vivo o muerto y quisieran o no. Si al terminar la educación obligatoria a los catorce años hacía falta dinero en casa, tocaba buscarse un currillo. Y aunque no fuera siempre por necesidad, trabajar era una salida normal para la mayoría. La educación secundaria empezó a ser significativa en su época, pero durante los primeros años de los setenta apenas alcanzaba al 5 % de la población. A Espe, la mujer con siete hermanos que llegó desde Sevilla con 6 años, no le quedó otra. Hemos quedado en una cafetería de Sant Andreu, un antiguo municipio independiente —con su iglesia y su plaza del pueblo nada más salir del metro— anexionado a Barcelona desde 1897. Sant Andreu está separado de Nou Barris por la Meridiana, una avenida de tres carriles más un carril bus por sentido. «Vinimos a una casita que estaba justo al lado de lo que hoy es la Meridiana, que no estaba construida por aquel entonces. Todo esto estaba muy apartado de lo que era el centro», cuenta. Espe luce una larga melena negra y relata su historia con calma, abundando en detalles como que en Sevilla ella cenaba pescaíto frito y que al llegar a Barcelona la comida del colegio se le hizo rara. Hambre, dice, «igual pasamos un poquito por el hecho de no tener padre. Nuestros sueldos eran muy bajos porque éramos niños. Y entre todos, pues aportaban los que podían trabajar.»

Espe recuerda el momento en que la sacaron del colegio, a dos meses de cumplir los 14 años, y le buscaron un trabajo. Una de sus hermanas se casaba (tenía 18 años) y alguien, además de un hermano que ya trabajaba en una carpintería, tenía que llevar dinero a casa. «Yo no quería. Yo quería estudiar. Y lloraba y lloraba —cuenta—. Mi madre me dijo: bueno, si no te gusta, vuelves a estudiar. Pero era mentira. Ya me estaba buscando peluquerías, pero yo no quería porque era muy vergonzosa. Mi hermana, la que se casaba, fue la que me consiguió una plaza en la fábrica de textil donde trabajaba, y me llevó allí. Y así entré de aprendiz, en el barrio de Gràcia».

La edad mínima legal para trabajar aumentó de los 14 a los 16 años en 1980, ya en democracia, con la aprobación del Estatuto de los Trabajadores. Eso quiere decir que todos los nacidos en 1966 o antes —los que ahora tienen más de 59 años— tuvieron la posibilidad de dejar los estudios y adentrarse en el mundo laboral. Algunos y algunas, como Espe, cayeron en sectores que después entraron en crisis, fueron al paro, volvieron a estudiar entre medias y tuvieron trayectorias precarias durante muchos años antes de estabilizarse. Otros fueron a parar a grandes empresas, como los bancos, en las que entraron desde abajo y se terminaron quedando toda la vida. Y el resto fueron a la universidad. La de los boomers fue la primera generación que pudo acceder de forma transversal a los estudios superiores —porque hasta entonces era cosa de clases privilegiadas—, y también fue en su época, entre los setenta y los noventa, cuando se crearon la mayoría de universidades públicas. Eso no significa que acudieran en masa, como hicieron después sus hijos millennials y zeta. Por ponerlo en perspectiva: en el curso 1975-1976 había 540.000 alumnos matriculados en las universidades españolas, y hasta el curso 1988-1989 no se superó el millón. Hoy, estamos cerca de los dos millones.

«El boom no fue solo de nacimientos, también fue económico y social —dice el sociólogo Miret—. Los baby boomers se beneficiaron del primer, más o menos, estado de bienestar que hubo en España.»

Welcome to Spain

Los baby boomers, como ya hemos visto, no son un fenómeno exclusivo de nuestro país: los nacimientos se dispararon en Estados Unidos y los países de Europa Occidental al término de la Segunda Guerra Mundial, en 1945. El boom llegó más tarde a España, con una década de retraso, porque aquí los años posteriores a la Guerra Civil fueron dramáticos: hubo una dictadura y, hasta bien entrados los cincuenta, la economía no empezó a tirar. En cualquier caso, el repunte de los bebés fue una anomalía histórica: la tasa de natalidad venía desplomándose desde 1800 —en aquella época las mujeres tenían entre cuatro y siete hijos de media, según el país— y en estas décadas remontó ligeramente, pero luego continuó su tendencia descendente y volvió a caer.

Por la cantidad de individuos que son, por cómo tienen copados los puestos de poder y por las tensiones que generan en determinadas patas del estado de bienestar (pensiones y sanidad), los boomers son objeto de estudio en todo Occidente. En Estados Unidos, donde el boomer es hijo del *suburb* (entendido como urbanización con hilera de chalets lejos del núcleo urbano, no como suburbio deprimido) y el *American Dream* de los cincuenta, se los pinta como una panda de egoístas sociópatas que han disfrutado de años económicamente florecientes y se irán dejando un mundo en llamas. En Francia, donde el gasto en pensiones es incluso superior al de España en porcentaje del PIB, la reforma impulsada por Macron para aumentar la edad de jubilación de 62 a 64 años supuso decenas de jornadas de huelga, aunque finalmente se ejecutó de todos modos. Los boomers franceses están en el centro del debate político por lo que cuestan sus pensiones, más o menos como sucede en Alemania, país en el que se han aprobado incentivos para trabajar más años porque la jubilación de tantas personas a la vez provoca tiranteces en el mercado laboral. En el Reino Unido, donde el neoliberalismo entró con fuerza en los ochenta y dejó un deterioro notable que los boomers conocieron bien, el Brexit calentó la guerra generacional. Los boomers votaron a favor de salir de la Unión Europea en mucha mayor proporción que los jóvenes, así que se desató una ola de *boomer blaming* ('culpa hacia los boomers') que ha derivado en nuevos discursos a la contra: en un *don't blame the boomers* ('no culpes a los boomers') de todos los males que tenemos porque esto es una guerra de clase y no generacional.

Esta idea también sobrevuela España. La defiende la izquierda, habitualmente para evitar el *melón* de la sostenibilidad de las pensiones y la injusticia fiscal: el hecho de que las generaciones más pobres —las jóvenes— estén transfiriendo rentas a las más ricas —las mayores— a través de sus esquilmadas cotizaciones sociales (porque los salarios son muy bajos) y sus pagos del alquiler mes a mes. Pero que existan divisiones de clase no es incompatible con que haya enormes desajustes por edad. Tampoco contradice el hecho de que, en términos materiales, la vida de los hijos de los boomers vaya a ser más pobre que la suya (justo lo contrario a lo que ellos vivieron).

Pese a todo, y como veremos en los siguientes capítulos, la mayoría de los boomers mantienen fuertes convicciones sobre lo mucho que se esforzaron y lucharon para conseguir lo que tienen y lo poco que hacemos los demás.

4
YO CORRÍA DELANTE DE LOS GRISES

Sobre la pared principal del salón de Vicente no hay un mueble aparador, sino dos fotografías que resumen su vida. La primera, pequeñita y a la derecha, se la hizo el fotógrafo Paco Paredes en 2009 para *El País Semanal*. El tema del número era *Retrato de un país: cien ciudadanos cuentan sus vidas en plena crisis*. En portada aparecían cuatro españoles normales y corrientes en las escaleras del Palacio de la Moncloa con el presidente del Gobierno de entonces, José Luis Rodríguez Zapatero. Por dentro, cien pequeños textos acompañaban las imágenes de cada uno de esos cien ciudadanos. Vicente, minero, era el número 51: el artículo sobre su vida se titulaba *Un destino a 400 metros bajo tierra* y en la fotografía aparecía él solo en la mina, con la cara negra, vestido con el uniforme y llevando un casco con linterna integrada. Ahí tenía 41 años.

Además de guardar la revista con cariño, Vicente enmarcó su retrato. Pero el tamaño de ese cuadro no es nada comparado con el que hay a su izquierda, el que de verdad preside la estancia: una instantánea del momento en el que un minero prende una barricada de neumáticos. La ardiente foto es de 2013 y la sacó el fotoperiodista José Ramón Silveira en el túnel de El Padrún, en la localidad asturiana de Olloniego, durante una serie de protestas mineras por el cierre de una explotación. El minero que enciende la llama es anónimo, pero Vicente la escogió no solo porque el autor es amigo suyo, sino porque le gusta y se siente «totalmente identificado».

Las paredes de su casa —un piso para él solo en el centro de Mieres, en Asturias— son una especie de galería del rojerío. Hay retratos de Lenin y de Fidel Castro, una fotografía suya de chavalín con el fundador de Comisiones Obreras, Marcelino Camacho, y otra, un poco más adulto, en la cabecera de una manifestación llevando la pancarta de «precariedad». Encima de la mesa está *Rebeldes de Asturias: la insurrección de 1934 en las cuencas mineras*, un libro sobre la revolución que hubo en la región durante la Segunda República. Y de estado de WhatsApp tiene puesto «ANTIFASCISTA!». Queda claro que Vicente de derechas no es y que concede a la lucha obrera minera un espacio muy importante. Hemos subido al piso porque se me ha roto uno de los tirantes de la mochila —una mochila buena pero viejecita— y ha propuesto arreglarlo con hilo de pescar, que tiene porque pescar es una de sus principales aficiones desde que se prejubiló. Cuando suspiro que soy un desastre y que vaya faena quedarme sin mochila justo ahora, salta:

—¿Ves? ¡Os ahogáis en un vaso de agua!

Los dos nos reímos porque hemos hablado de ese tema poco antes, mientras hacíamos la entrevista en una terraza al sol de invierno. He viajado a Mieres, uno de los municipios mineros más importantes de Asturias, a entrevistar a mineros prejubilados. Dentro del espectro boomer, los mineros son una joya de perfil. Entraron de jóvenes en un trabajo *para toda la vida*, pero aun así se comieron la crisis y la reconversión industrial que empezó en los ochenta. La liaron pardísima prendiendo fuego a barricadas, encerrándose en los pozos y dejando Asturias incomunicada para conseguir mejoras laborales. Vivieron el esplendor de los sindicatos y se decepcionaron con ellos, dado que uno de sus líderes (José Ángel Fernández Villa, de UGT) terminó condenado por corrupción. A los 45 años marcharon para casa con pensiones cuantiosas, que rondan de media los 2.900 euros brutos al mes en catorce pagas. Algunos se dieron al pimple y les costó encontrar rutina fuera del bar; otros, como Vicente, se compraron una casa en la costa y se buscaron un pasatiempo saludable, como la pesca.

Las dos características que diferencian a los prejubilados mineros del resto de boomers son las siguientes: a) tienen claro que para sus hijos no hay futuro en esta tierra y que si se quedan vivirán peor que ellos, cosa que a muchos otros aún les cuesta ver, y b) sus casas hoy no valen más que cuando las compraron, sino que van para abajo. No queda trabajo en las cuencas y los pisos están *regalaos*. Salvando este par de detalles, ellos viven hoy una vida cien por cien boomer, cien por cien cañón.

Las mejoras no se consiguen llorando

Vicente nació en 1967, así que ahora tiene 57 años. Entró a trabajar en la mina en 1990, con 23, después de haber pasado unos años precarios currando en un bar, una carnicería y de ayudante de un pintor. Cuenta que, aunque la gente pensara que todos los mineros ganaban un dineral, él empezó de vagonero cobrando unas 3.200 pesetas al día, el equivalente a unos 400 euros al mes. «Un peón. De ayudante para todo. El nivel más bajo», dice. Aquello no le daba para vivir, pero, a base de huelgas, él y sus compañeros consiguieron mejoras salariales.

«Pero claro —prosigue—, las mejoras no te las regalan en esta vida. Es que la gente ahora... Yo alucino. El que algo quiere algo le cuesta. Las mejoras se consiguen poniéndose de huelga y armándola. Y nosotros nos tirábamos a cortar las carreteras. Cortábamos la comunicación de Asturias con la meseta. Yo me tiré días y días con latas de gasolina, con ruedas y con una capucha en la cabeza haciendo barricadas. Las mejoras se consiguen así, no llorando por los bares mientras te tomas un cortado.» «¿Crees que eso es lo que hacemos ahora?», pregunto. «Sí, y no lo digo despectivamente. No solo tu generación. Yo creo que la gente heredó una serie de mejoras, que yo también adopté de los que vinieron antes, y creyó que estaban garantizadas. Hay peña que no se da cuenta de que hubo luchas obreras para conseguir eso. Para no perderlo hay que seguir peleando, no llorar por ahí por lo malos que son todos.»

Sin duda, los mineros asturianos pelearon, pero para entender por qué consiguieron mejoras salariales y prejubilaciones generosas hay que poner su lucha en contexto. La minería de Asturias entró en crisis en los sesenta, cuando los boomers estaban naciendo, aunque ya antes era deficitaria y sobrevivía a base de políticas proteccionistas. «Nunca fue rentable: ni en el siglo XIX ni en el XX —explica el historiador Rubén Vega, de la Universidad de Oviedo, experto en desindustrialización y movimiento obrero—. Cuando era privada siempre necesitó protección del Estado, de aranceles que protegieran la importación de carbón y de subvenciones a la producción. En los sesenta, esto se volvió insostenible porque el carbón perdió peso en la factura energética: cada vez se dependía más del petróleo y la minería decayó. Pero al mismo tiempo los mineros fueron capaces de conquistar mejores salarios. Hubo un ciclo de huelgas que desembocó en la nacionalización del sector, que ya estaba en pérdidas.»

La huelga de 1962, conocida como «la huelgona», la empezaron los trabajadores de un pozo de Mieres para pedir más dinero y se acabó convirtiendo en un pulso al franquismo con gran repercusión internacional. En 1967, y después de haber intentado reflotar a las compañías mineras con ayuda pública, el Estado las absorbió creando la empresa nacional Hulleras del Norte S.A (HUNOSA). Allí es donde trabajaron Vicente, Manuel, Alfonso y Berto, otros tres mineros boomers prejubilados con los que pasé una tarde hablando de sus vidas. Además de la minería, en 1973 se nacionalizó la siderurgia en Asturias. «Son nacionalizaciones distintas. Con la minería no había perspectiva de que fuera a ser rentable; en cambio, de la siderurgia sí se pensaba que era un sector de futuro —continúa Vega—. Lo que tienen en común es que son grandes empresas de sectores básicos. Se entendía que no podían cerrar por el alto coste social y político que supondría, además de por su importancia económica.» A Asturias se la conocía entonces como Inilandia, porque casi todo era del Instituto Nacional de Industria (INI) estatal.

Eso por un lado. Por otro, está el escenario internacional. En 1973, el mundo entró en la crisis del petróleo, como consecuencia de que los países exportadores —con Arabia Saudí a la cabeza— frenaran las ventas a países que hubieran apoyado a Israel en la guerra del Yom Kipur, entre ellos, Estados Unidos. A corto plazo, la inflación y el desempleo se dispararon. A medio y largo plazo, el capitalismo se reestructuró. Nos interesa esta época porque coincide con la adolescencia de los boomers y sus primeros pasitos en el mercado laboral. «Ahí nació un proceso que en los ochenta pasó a ser abierto y que etiquetamos como neoliberalismo», dice el historiador. Entre otras cosas, incluye la deslocalización de las industrias básicas a países con la mano de obra más barata y sin regulaciones medioambientales, tal y como ocurrió en el sector textil. Basta con mirar las etiquetas de nuestros trapitos de Zara para saber que esto sigue sucediendo. «Hasta ese momento, el desarrollo industrial era sinónimo de desarrollo económico, pero en los ochenta las industrias del metal, la construcción naval y la minería del carbón cerraron o redujeron su tamaño en todas las economías desarrolladas». A este cambio se lo conoce como desindustrialización. A las medidas que se tomaron para atajarlo, reconversión industrial.

«Y los que vengan detrás que se jodan»

Manuel, Alfonso y Berto llevan más de una década en casa sin trabajar. Tienen 57, 63 y 65 años, entraron a la mina siendo veinteañeros y se prejubilaron con poco más de cuarenta. «Eso fue un engaño, un chocolate muy dulce pero que trajo consigo una serie de consecuencias *malévoles*, sobre todo para las generaciones que venían detrás —advierte el primero—. Era una situación de privilegio. Te pagaban por estar en casa para taparte la boca: te callas, no das guerra y acabamos con el sector. Y los que vengan detrás que se jodan.»

Son las cuatro de la tarde y estamos en el exterior de una cafetería en el céntrico parque de Jovellanos, en Mieres. Toda la acera es una hilera de terrazas con toldo que a medida que pasan las horas se llenan de señoras y señores tomando café, además de algún que otro niño juguetón. Los tres hombres, mineros orgullosos, hablan de cómo afrontaron su prejubilación y de lo que significó aceptar el pacto para las generaciones venideras. Es decir, para sus hijas e hijos. «Yo entré en HUNOSA en el 82 y marché prejubilado en el 2004 —dice Alfonso, que viste una parka color verde oscuro—. Empecé con 22 años. Pegaba *palmes con las oreyes* por el mero hecho de tener un puesto seguro. Era lo normal, pensabas: "Bueno, yo ya llegué". Y eso que la cosa ya estaba mal por aquel entonces. Pero no se hablaba de prejubilaciones ni mucho menos. En aquel momento era entrar y poder retirarte en un sitio.»

La reconversión industrial llegó a España con retraso respecto a otros países por una cuestión: al morir Franco en 1975, empezó la Transición, y esa era la prioridad. Los Gobiernos de los años siguientes —de la Unión de Centro Democrático (UCD), un partido de *centro* liderado por Adolfo Suárez— estaban en una posición política débil y no contaban con apoyo sindical. El historiador y sociólogo Emmanuel Rodríguez sitúa en uno de sus libros, *Por qué fracasó la democracia en España,* a principios de los años setenta como el comienzo de un proceso de «malestar generalizado» y de «una aspiración de cambio que arrancaba fundamentalmente de las fábricas y de los barrios, pero que se reconoce también en las universidades, entre los profesionales e incluso en segmentos de la Iglesia». Rodríguez suele estar en el Ateneo La Maliciosa —un centro cultural impulsado por Ecologistas en Acción, la Fundación de los Comunes y la editorial Traficantes de Sueños—, situado en el distrito de Arganzuela, en Madrid. Quedamos allí y vamos a una terraza cercana, donde desarrolla su tesis con el ruido de los coches de fondo.

Ese proceso de malestar estalló en los años centrales de la década con «estruendosas huelgas, movilizaciones masivas, rápidos aumentos salariales, demandas de libertades, izquierda, extrema izquierda, autonomía obrera» y culminó con la firma de los Pactos de la Moncloa, en 1977, y la redacción de la Constitución, en 1978. Se trataba de aunar debilidades: por un lado, la del Ejecutivo posfranquista; por otro, la de la izquierda representada en organizaciones como el Partido Comunista y el PSOE. Los sindicatos Comisiones Obreras y UGT, recién legalizados, apoyaron los pactos, que se vendieron como el gran consenso de la época y el camino para restablecer la paz social.

En este contexto de cambio de régimen —de dictadura a democracia—, cerrar las minas, los astilleros y la siderurgia habría generado una enorme tensión al poner en riesgo miles de puestos de trabajo. Así que se dejó en segundo plano hasta 1982, cuando el PSOE de Felipe González ganó las elecciones con mayoría absoluta. La entrada en la Unión Europea (por aquel entonces, Comunidad Económica Europea), en 1985, también aceleró la reconversión, pues a España se le exigía reducir su producción industrial para formar parte de ella y no competir con otros Estados miembros. Aunque el programa socialista contemplaba concertar con los sindicatos los planes de reconversión, el Gobierno lo incumplió. «Quienes redactaron el programa y lo pactaron con el sindicato UGT no recibieron ningún cargo —añade Vega—. Felipe González escogió a Miguel Boyer como ministro de Economía y a Carlos Solchaga como ministro de Hacienda, ambos neoliberales y en desacuerdo con dicho programa.» Al poco de llegar al poder, los socialistas se pusieron manos a la obra. ¡A reconvertir!

Convulsión ochentera

En Asturias, todo el mundo menciona los *dos modelos* de reindustrialización que hubo en el mundo antes de contar el suyo propio. Los paisanos del café no se andan con rodeos al explicarlos: «El modelo inglés significaba una mínima indemnización, el paro que te correspondía y a la puta calle», dicen. O lo que es lo mismo: dejar el mercado a su libre albedrío, como hizo Margaret Thatcher en el Reino Unido. En cambio, «el modelo alemán te incentivaba con mucho dinero, no solo a los mineros, sino al conjunto de la sociedad. Pero ese modelo se pervirtió porque no se invirtió como es debido».

El modelo español fue híbrido: las compensaciones variaron dependiendo de la capacidad de resistencia de los trabajadores. Los ochenta suelen dibujarse en España como años de explosión cultural y movida madrileña (y de cientos de muertos por consumo de heroína), pero en realidad fueron extremadamente convulsos en lo económico y lo laboral. La política del pacto social firmada en el 77 fue, según el historiador Rodríguez, «el gran acuerdo económico de la Transición». Más allá del consenso y de la búsqueda de paz social —de tranquilizar a esos obreros rebelados—, se convino ajustar los salarios, que crecían a ritmos del 20 y el 30 % anual, con el objetivo de controlar la inflación. A partir de ahí, se inició una política de deterioro laboral cuyo hito fundamental fue la modificación del Estatuto de los Trabajadores en 1984 y la flexibilización del contrato temporal.

A principios de los ochenta, el paro, que venía de tasas inferiores al 4 % en los setenta, empezó a aumentar y se disparó hasta superar el 21 %. Ahora mismo está en torno al 10 %. Además, y fruto de las políticas de reconversión industrial que se empezaron a aplicar, hubo decenas de nuevos enfrentamientos entre obreros y Gobierno. El año 1984 —justo cuando los nacidos en 1964, el año del mega *baby boom,* cumplían veinte años— fue muy muy conflictivo en ciudades industriales como Gijón, Vigo, Ferrol, Cádiz, Sagunto y Bilbao. En esta última, murió de un infarto un trabajador mientras intentaba protegerse de las violentas cargas policiales. El conflicto, que se alargó varios años, trató de evitar el cierre de los astilleros Euskalduna. Sin éxito: el cierre se hizo definitivo en 1988 y hoy, sobre ese solar junto a la ría, se levanta el Museo Guggenheim. En Gijón, todos los martes y jueves ardían barricadas de neumáticos y había enfrentamientos con la policía. El astillero cerró en 2009. En Cádiz y Ferrol, los astilleros se mantienen, pero el volumen de trabajadores de la industria naval —que incluye empresas auxiliares— ha disminuido en miles.

La reconversión industrial consistió en cerrar fábricas con fuerte presencia estatal que no podían seguir acumulando pérdidas y en reducir las plantillas. Hasta 1979 había alrededor de tres millones de trabajadores en la industria; durante sus años más álgidos (1979-1986), se perdieron aproximadamente 700.000 empleos. Y luego estaba la minería, que a esas alturas era un sector tan marginal que tardó todavía más en reconvertirse. «La minería del carbón no competía con nadie —dice Vega—. Europa no apremiaba como apremiaba a cerrar astilleros o reducir la capacidad de producción de acero. El plan de la minería quedó congelado hasta 1991 y se planteó un cierre gradual.»

Así que cuando Manuel, Alfonso y Berto entraron a la mina en los años ochenta, lo hicieron con la seguridad de que se jubilarían ahí, una sensación compartida con muchos otros boomers —más entre los nacidos en los sesenta que entre los nacidos en los setenta— que empezaron en empresas con la idea de quedarse para siempre. En su caso no fue así, porque el sector estaba ya tocado y hundido, pero la jugada no les salió nada mal: por las cuestiones que hemos comentado (que su reconversión quedó para el final y que su capacidad de resistencia, heredada de generaciones anteriores, era tan bestia que cualquier gobierno los temía), pudieron prejubilarse cobrando cuantías equiparables a su salario. Eso sí, los planes de prejubilación que firmaban empresas y sindicatos se fueron devaluando con el tiempo.

«Solchaga había intentado cerrar un pozo y la minería estaba cuestionada, pero cuando se toma la decisión por parte de la Unión Europea y se le pone fecha es en el 91», dice Manuel. A partir de ese momento se sucedieron, como un eterno goteo, los cierres de pozos de HUNOSA. El último fue clausurado en diciembre de 2024. «Hasta hace diez años, la mayoría de los que marchaban para casa lo hacían con una pensión máxima —continúa el minero—. Me da hasta vergüenza decir cómo marché yo con respecto a los que vinieron detrás. El último plan se firmó en 2012 y la diferencia no es sustancial, es bárbara. Y dirás: ojo. Pero vuelvo a decirte que a nosotros nadie nos regaló nada.» Aunque al principio es reticente, Manuel se lanza por fin a hablar de *perres*: sí, él también cobra la pensión máxima, que en 2025 supera los 3.267 euros brutos mensuales en catorce pagas.

Las prejubilaciones, tanto en minería como en otros sectores, funcionan de la siguiente manera: el trabajador sigue cobrando cada mes un buen porcentaje de su sueldo (si no el sueldo completo) y la empresa paga su cotización a la Seguridad Social. Es como si la indemnización por despido se entregara en mensualidades, y, cuando le llega la edad de jubilación real, pasa a ser un pensionista más. Las pensiones de los mineros son tan cuantiosas —varios municipios mineros, también en Teruel y León, tienen las pensiones más altas de España— porque los sueldos eran buenos. Y se fueron a casa tan pronto no solo por la prejubilación, sino porque su profesión peligrosa e insalubre aplica un coeficiente reductor: cada año cotizado cuenta como más de uno, dependiendo de la categoría concreta. En condiciones normales, tendrían que haberse ido con 52 o 53 años.

«Lamentablemente, se incentivó una mala prensa hacia nosotros. Hay una situación de privilegio con respecto a los demás trabajadores. Éramos mal mirados —continúa Manuel—. Tú imagínate dentro de lo que *ye* la clase trabajadora, acabar mirándote como un privilegiado, porque seguramente lo *yeres* —añade Berto, el mayor de todos—. Doblas el salario de camareros, el de los de las tiendas y la construcción, que tienen que *trabayar* en un andamio con 60 años. Y dicen: "¡Estos cabrones con 40 años a casa!".»

Juventud sin futuro

En los años del apogeo minero, llegaron a vivir en Mieres más de 70.000 personas. Hoy apenas queda la mitad. Ferrol, Cádiz, Avilés, Sestao y algunas otras ciudades que dependían de la industria sufrieron procesos demográficos similares: lo que en su momento fue una cuenca minera maquinera es hoy una ciudad tranquila y jubileta, en la que casi todos los que trabajaron en la mina se conocen. «La gente salía todos los días por ahí, los fines de semana no había dónde comer ni dónde cenar, el ambiente de noche era brutal, venía gente de Gijón y Oviedo», dice Vicente, el del hilo de pescar. Mientras paseamos por el lugar en el que estaba el pozo —donde ahora hay un limpio campus universitario—, se cruza con varios excompañeros. Incluso con dos mujeres mineras (son pocas, pero haberlas, haylas) que reconocen que después de veinte años bajo tierra, negras y llegando cada día a casa con el carbón incrustado hasta los huesos, están mejor que nunca sin trabajar.

La reconversión en Asturias fue acompañada de los llamados fondos mineros: dinero público para crear empresas en sectores de futuro y para formar a los hijos de los despedidos, que se quedaban sin opciones laborales. El historiador Pablo Batalla, hijo de minero y millennial (nació en 1987), recuerda que gracias a esas ayudas pudo pasar los veranos estudiando inglés en Inglaterra rodeado de pijos españoles. Que todas las posibilidades académicas que ha tenido en su vida han sido por las becas. Y que el dinerazo que les entró a los prejubilados sostuvo a las familias —«Para mi generación, las pensiones son como un miniestado de bienestar: tú estabas en la mierda pero tu padre te daba dinero»— y fue una fuente de jauja para sus hijos adolescentes.

«Durante uno de aquellos veranos, en una conversación con un grupo grande de asturianos, me chocó descubrir que todos habían probado la cocaína —cuenta—. Recuerdo tener 15 o 16 años y ver a hijos de mineros saliendo el fin de semana con 300 euros en el bolsillo. Era lo normal.» Batalla creció en Gijón, no en la cuenca, así que su vivencia fue algo distinta en este sentido. Por su parte, la gestión de las ayudas para empresas fue *poco eficiente*, por decirlo con finura: se subvencionó a compañías que cerraron en cuanto dejaron de cobrar y el proceso estuvo plagado de mordidas y corrupción. Vamos, que reconvertirse se reconvirtió más bien poco... Asturias es hoy una región poco productiva (si acaso, empieza a vivir del turismo), pero de la que salen jóvenes sobradamente preparados (de hecho, es una de las Comunidades con mayor porcentaje de población con estudios superiores) a los que no les queda otra que volver a casa por Navidad.

«Escucharás a los mineros asturianos lamentarse del declive, pero si luego vas a una cuenca minera escocesa, galesa o inglesa y comparas, dices: "Esto son quejas de ricos" —sostiene Vega—. También sucedió en Estados Unidos. Allí donde cerró la industria, se instaló la devastación social: criminalidad desatada, drogas y adicción a medicamentos, violencia y ausencia total de perspectiva.» En Mieres, la estampa es más apacible: los parques aseados, las cafeterías llenas y los prejubilados de entre 50 y 60 años entregados a sus *hobbies*. «En la generación anterior, muchos se vieron en casa sin saber qué hacer y cayeron en el alcoholismo —dice Batalla—. Los de ahora tienen ganas de hacer cosas. Mi padre se apuntó a inglés, a aeromodelismo, a bailes de salón...»

El contraste entre los boomers que vivieron de una industria próspera —y quemaron las calles cuando la reconversión acabó con ella— y sus hijos es palpable en otra ciudad española: Cartagena, en Murcia, donde estaba la empresa pública naval Bazán.

Cartagena funciona como contrapunto al caso asturiano. Aunque las protestas consiguieron algún logro, miles de trabajadores se fueron a la calle y los barrios obreros se vieron sumidos en la pobreza y la marginalidad. Todo este proceso está bien retratado en *El año del descubrimiento*, un documental estrenado en 2020 y muy celebrado (se llevó dos Goya) que rememora la quema de la Asamblea Regional por parte de los obreros afectados a través de conversaciones de bar grabadas entre 2018 y 2019. Hablan los que participaron en la revuelta, que tuvo lugar en 1992, y los jóvenes de hoy. Uno de los fragmentos más emblemáticos es aquel en el que José Ibarra, boomer de 58 años, sindicalista de Comisiones Obreras y trabajador de Bazán, cuenta que «no tenía pelos en los huevos» cuando, con 14 años, empezó a trabajar.

Ibarra es uno de los pocos que se salvó del despido y que hoy sigue en la empresa, que permaneció abierta y fue *rebrandeada* como Navantia. Relata que tuvieron que quemar el Parlamento con un cóctel molotov para que alguien les hiciera caso y que si la reconversión resultó menos fructífera allí que en otras regiones fue por motivos políticos: «Las reconversiones siempre se plantean en términos económicos y se resuelven en términos políticos. En aquellos años, las Comunidades con más peso político lo pudieron manejar mejor que Murcia. Porque Murcia no pinta nada», dice. Puede que en Asturias fueran más borricos y quemaran más objetos durante más tiempo, pero además «había políticos más habilidosos». Como muestra, Asturias mantiene su fábrica de zinc, ahora en manos de un grupo extranjero, y Cartagena no.

En Cartagena hubo prejubilaciones generosas equiparables a las mineras, pero también mucho boomer que se quedó de patitas en la calle y tuvo que buscar trabajo en el extranjero. Porque no solo cerraron las industrias, también se destruyó la economía auxiliar a su alrededor: «En las empresas estatales fuertes con sindicatos potentes se pudieron salvar los muebles, pero en las pequeñas y privadas hubo salvajismo —dice—. Tengo amigos trabajando en Eurodisney. Les dijeron que el turismo era el futuro y terminaron en París.» Tampoco hubo nada parecido a los fondos mineros para sus hijos, solo un plan especial con el que se le dio un *glow-up* a la ciudad (se renovó el puerto, se restauró el anfiteatro romano…) para fomentar su potencial turístico. Por eso, como se observa en el documental, los jóvenes actuales no ven mucho más futuro que ser camareros.

Ibarra no es tan tajante con ellos como Vicente, el asturiano: «No comprendo a los jóvenes, pero no quiero culparlos. A mí en la escuela me explicaron que no hay nada más tonto que un obrero de derechas y hoy en día cualquier chavalín lo es. Se le ha dado la vuelta a la tortilla».

¿Quién corría delante de los grises?

Una de las consecuencias inmediatas de la revuelta de Cartagena fue que el PSOE perdió la alcaldía y durante los diez años siguientes gobernó el PP. Lo mismo ocurrió a nivel autonómico en la Región de Murcia. De hecho, otro contraste evidente que muestra *El año del descubrimiento* es el que se da entre la propaganda de los Juegos Olímpicos y la Expo de 1992 —¡la modernización de España!— y las consecuencias dramáticas de la reconversión. Después de dos mayorías absolutas (1982 y 1986) y otras dos legislaturas sin mayoría, aunque gobernando, Felipe González perdió las elecciones generales de 1996 en favor del Partido Popular liderado por José María Aznar.

Para los boomers, crecidos y socializados políticamente durante la Transición, el Felipe González de principios de los ochenta significaba —palabras textuales de una de las entrevistadas— la esperanza. «Capitalismo no, socialismo sí. Todos iguales, políticas sociales, todo el mundo con trabajo, no habrá diferencias entre los ricos y los pobres... Era lo que se llevaba.» Más de diez millones de personas, casi la mitad de los electores, votaron a González en 1982. Concurrió a los comicios con la promesa de crear 800.000 empleos y convocar un referéndum sobre la permanencia de España en la OTAN. Por supuesto, el PSOE *psoeó*: ni creó tantos puestos de trabajo (de hecho, y como hemos visto, destruyó miles de ellos con su reconversión) ni convocó el referéndum hasta la siguiente legislatura. También cambió de postura: González se presentó a las elecciones diciendo que «OTAN, de entrada, no» y terminó defendiendo la pertenencia.

Las marchas anti-OTAN fueron multitudinarias. A la convocada en Madrid un par de semanas antes del referéndum acudieron unas 200.000 personas, una cifra comparable a la del primer 8 de Marzo fuerte de nuestra era, el de 2018, o de las marchas por la sanidad pública de 2023. Las manifestaciones del 11M siguen siendo las más masivas de la historia de España, pero juntar a varios cientos de miles de personas solo en la capital no está al alcance de muchas protestas. Incluso boomers que no están muy politizados recuerdan haber estado allí.

Pasa lo mismo que con lo de correr delante de los grises: a la mínima te la sueltan. «Yo corría delante de los grises» es una de las frases más boomer que hay. Bastaron tres minutos de conversación con Vicente Pizcueta (el experto en ocio que dirigió discotecas en la época de la Ruta del Bakalao y que mencioné en el capítulo «La vida cañón») para que me dijera que él había corrido delante de los grises, y eso que la policía dejó de llevar uniforme gris en 1978, cuando él tenía 16 años. Los grises fueron la policía del régimen y, si bien su presencia fue muy significativa en las manifestaciones universitarias, las más importantes tuvieron lugar a finales de los sesenta, cuando Búmer Buměrez era un niño o directamente un bebé.

Aunque no corrieran delante de los grises, hay algo en esa consigna que atraviesa de forma transversal a toda la generación: la idea de que ellos lo han peleado y que tú, que te ahogas en un vaso de agua si se te rompe la mochila, no. Uno de los gérmenes de este libro es el artículo «Millennials contra boomers: las pensiones desatan la gran batalla de nuestro tiempo», que publiqué en *El Periódico de España* en noviembre de 2021, pocos días antes de la enésima manifestación de pensionistas contra la reforma de las pensiones. Una de las organizadoras, María Isabel Mesón, portavoz de la Mesa Estatal por el Blindaje de las Pensiones (MERP), me dijo que, si ella fuera joven, «defendería un trabajo digno para poder tener unas pensiones dignas. La gente joven no se organiza ni sale a defenderse. En los sesenta, salíamos a la calle los universitarios y los obreros. Ahora salimos los jubilados.

Y somos los mismos». El funcionariado, otra masa laboral boomerizada en extremo, es de los pocos sectores en los que los sindicatos siguen siendo fuertes.

Desconozco si la señora Mesón acudió a alguna de las marchas por la vivienda convocadas por los Sindicatos de Inquilinos a finales de 2024, pero recuerdo con nitidez que a poco boomer se veía por allí. No es su problema, claro: los precios, cuando ellos necesitaron hacerse con una, eran accesibles para quien tuviera un trabajo; después, los bancos llegaron a ofrecerles hipotecas por el 120 % del precio. Ahora, si no te cae una herencia, hay que sudar durante años hasta reunir ese maldito 20 % de entrada o resignarse a ingresarle medio sueldo a tu casero, que, con cierta probabilidad, encima, será boomer. Basta con revisar las fotos que publicaron los periódicos para comprobar que la mayoría de los asistentes eran adultos jóvenes, de 20, 30 y 40 años. Es verdad que algunos boomers, cada vez más, reconocen que el acceso a la vivienda es un problemón para los *jóvenes* (y para los no tan jóvenes) y que en sus tiempos las cosas eran de otra forma. Pero es habitual el discurso de que tenemos que pelear y esforzarnos más, de que no se puede pretender que el trabajo, el piso y los años cotizados para la pensión caigan del cielo.

Y los boomers se esforzaron. Pero lo hicieron en un momento social y económico concreto que les permitió llegar a su mediana edad, entre 40 y 50 años, con empleo estable, casa y una riqueza acumulada que sus hijos ni van a oler (salvo que lo reciban en herencia).

5
UN TRABAJO PARA TODA LA VIDA

Ni a Merche ni a Manuel les ha gustado nunca su trabajo, pero a la hora de escogerlo fueron prácticos: querían una nómina y la tranquilidad de saber que nunca los iban a echar. Así que ambos, la una en Madrid y el otro en Galicia, decidieron hacerse funcionarios. Merche preparó las oposiciones para administrativa de la Seguridad Social y Manuel las de Guardia Civil. «Nunca, ni haciendo la mili, me gustó el régimen militar —dice él—. Pero dije: "Supongo que me adaptaré". Y me adapté. Veía que todos los meses *clin clin*, caía la nómina y, aunque no era un sueldo muy elevado, te daba para vivir.»

Merche y Manuel entraron a engrosar las filas de la Administración en el año 91, ella recién cumplidos los 30 y él aún jovencito, con 22. No se conocen, pero sus trayectorias laborales son semejantes y encajan dentro del mismo marco generacional. Tras la muerte de

Franco, durante la Transición, se crearon las Autonomías y se desarrolló el estado de bienestar, lo que supuso un aumento del peso del sector público en las cuentas nacionales y la creación de cientos de miles de puestos de trabajo asociados. No solo había que contratar a profesores y médicos para dotar a colegios, universidades, centros de salud y hospitales de personal, sino que nacieron 17 nuevos aparatos burocráticos llamados Comunidades Autónomas que necesitaban letrados, administrativos y otra serie de empleados. Además, estaban las fuerzas y cuerpos de seguridad del Estado: la Guardia Civil, la Policía Nacional y las policías autonómicas y locales. «Yo tenía 20 años y ya me había ido de casa. Trabajaba en una fábrica textil de curtidos de piel y abrigos de visón —cuenta Manuel—. Ahí estabas tres años y, o te hacían fijo y te metían en plantilla, o te echaban a la calle. Vi oposiciones para la Guardia Civil y quise probar porque era una salida, una nómina. Dije: "Esto es funcionariado".»

Las convocatorias de oposiciones fueron masivas entre 1982, cuando empezó a gobernar el PSOE, y 1995, cuando terminó de consolidarse el Estado de las Autonomías. «Lo que en otros países europeos se produjo a lo largo de treinta años, desde el final de la Segunda Guerra Mundial hasta los ochenta, en España fue con retraso y se concentró en menos tiempo —dice Francisco Longo, director del Centro de Gobernanza Pública de Esade y experto en empleo público—. En una década y media, entre 1980 y 1995, se produjo el fenómeno: crecieron mucho las Comunidades Autónomas, que representan dos tercios del empleo público, y los Ayuntamientos.» La Administración General del Estado se redujo, pero solo un poco.

¿Quiénes estaban entrando en esa época en el mercado laboral? Exacto: los nacidos al principio del *baby boom* tenían 23 años cuando se inició el proceso; los siguientes fueron alcanzando la veintena a medida que se desarrollaba. Hacerse funcionario en su época era una salida muy normal que no requería de una gran vocación: no había conflicto si no *trabajabas de lo tuyo*. Hoy hay aproximadamente tres millones de empleados públicos en España y el grueso pertenece a esa generación.

Charo Chárez trabaja en la Administración

Merche me recibe con una bandejita sobre la que hay dos tazas de café y una jarra con leche caliente. He llevado pastas; ella saca unos bollos de hojaldre. Su salón es grande porque, como en tantos otros pisos de boomers, la terraza está cerrada. Además del sofá de tres plazas, un sillón a cada lado y una gran mesa de centro, está el mueble aparador. En algún momento fue de color madera oscura, pero Merche, muy apañada, amante de las manualidades y la decoración, lo pintó de blanco. Ahora está pensando en darle una vuelta completa a la estancia, comprar muebles más modernos y sustituirlo por uno bajo, solo para la televisión.

Merche, hija de emigrantes (su madre es de Zamora y su padre era andaluz), creció entre Entrevías y San

Diego, distrito de Vallecas, humildísimo sur de Madrid. Es la tercera de ocho hermanos, todos boomers, cuatro de los cuales también se hicieron funcionarios: un militar, una enfermera y dos administrativas universitarias. Estudió la educación obligatoria y, después, una formación profesional de auxiliar administrativa que duró dos años. Fue justo entonces cuando su padre falleció de un infarto y tuvo que ponerse a trabajar para ayudar en casa.

«A mí me partió la vida porque tenía muchas inquietudes. Quería ser de todo: abogada, militar, ir a Londres a ser *au pair*... —cuenta—. ¿Qué hacía? Salía de casa a las seis y media de la mañana, trabajaba en una constructora que estaba en un piso de Fuenlabrada con un dueño muy desagradable, volvía a casa a comer, me iba al centro a estudiar inglés y de ahí al instituto a estudiar el BUP [el equivalente a los actuales 3.º y 4.º de la ESO y primero de Bachillerato]. Ganaba 16.000 pesetas [al cambio actual, menos de 100 euros] y la mitad eran para casa de mi madre.»

Merche se hartó pronto de la constructora y buscó otro trabajo, con tan buena suerte que cayó en la cadena hotelera Meliá. «Me lo gané a pulso, porque luego me enteré de que todo el mundo estaba enchufado —cuenta. Corría el año 1979 y ella tenía 18 años—. Yo me comía el mundo. Soy una persona muy entusiasta, me encanta la vida. Donde pongo el foco, pongo toda mi energía. Y cuando tú estás en tu elemento, en tu energía, contagias.» Trabajaba como comercial de viajes, ganaba 80.000 pesetas (unos 480 euros al cambio) y «vendía por un tubo». Con una cuarta parte de su propio salario y otra parte del de su novio de entonces se hipotecaron para comprar un piso de nueva construcción en Fuenlabrada, aunque ni se fueron a vivir juntos (¡no se estilaba!) ni vamos a hablar de pisos aún. Eso sí: terminaron vendiéndolo por más del doble de lo que costó. Boomers.

Cómo terminó esta mujer de media melena tan energética y resuelta haciendo una oposición para tener un trabajo para toda la vida en un puesto que, de acuerdo a sus palabras, es «feo e ingrato» no es exactamente un misterio: quiso seguir a su marido, también funcionario, concretamente militar. Con él empezó después del primer novio y se casó a los 25. Siguió hasta entonces en Meliá. «¿Qué ocurrió? Que a él lo destinaron a Huesca. A mí me chantajearon en el trabajo y me ofrecieron la dirección de una oficina para que no me fuera. Pero yo les dije que no, que había decidido que me casaba y que me iba con mi marido, porque, si no, ¿qué íbamos a estar, cada día cada uno en un sitio? Hoy a lo mejor te lo planteas. Lo que ha cambiado la mentalidad…» Estando en Huesca y sin trabajar, Merche se quedó embarazada. Después se trasladaron a Pamplona. «Yo decía: "Tengo que hacer algo". Fui muy pragmática y fría. Pensé: "Si me he casado con un militar que cada día va a estar en un sitio, necesito un trabajo que me permita moverme con él". Necesitaba un puesto en el que hubiera mucha cobertura, así que me puse a estudiar doce horas al día y en un año me saqué la plaza de administrativo de la Seguridad Social. Fui el número 2 de la promoción. Me habría gustado trabajar en el Instituto Nacional de la Seguridad Social (INSS), que son prestaciones, pero el número 1 me lo quitó. El número 2 era para la Tesorería. Dije que quería trato al público porque venía de vender viajes, que me encantaba... Pero no tenía nada que ver: a la Seguridad Social la gente va enfadada. Encima estaba en vía ejecutiva. Y ahí estuve, trabajando en Pamplona.» Años después, ambos se trasladaron a Madrid.

De los tres millones de trabajadores públicos que hay en España, el 60 % son mujeres. Por los horarios compatibles con la crianza y la estabilidad que ofrecía, fue la opción por la que optaron muchas boomers que hoy, como Merche, mantienen su plaza y están a las puertas de la jubilación. El estereotipo de Charo, del que hablamos en el capítulo sobre Búmer Buméréz, también va por ahí: Charo, de apellido Chárez, es una mujer socialista de mediana edad que tiene el pelo corto y morado, lleva gafas de pasta y trabaja en alguna ventanilla de la Administración. En la ficción, Charo Chárez es la inspectora de Hacienda interpretada por Carmen Machi en *Celeste*, la serie sobre los 20 millones de euros de impuestos que no pagó una conocida cantante extranjera en España y la investigación para desmantelar el caso. En las redes sociales, Charo Chárez encarna todos los males de la burocracia patria. Es, de acuerdo a un tuit viral que lo sintetiza con gracia, «el verdadero poder en la sombra, el Leviatán español: Charo Chárez en la ventanilla del consulado atendiendo de diez a doce de la mañana de martes a jueves y solo con cita previa».

Charo Chárez es funcionaria y se benefició de que en sus años mozos se abrieran tantísimas plazas para la Administración. Y no solo de eso: también de que los temarios, especialmente en las autonómicas, fueran más asequibles, e incluso de que se pudiera entrar a formar parte del sistema sin pasar por una oposición, bien como personal laboral o bien como interino. Que los boomers tuvieran tantas posibilidades de acceso a puestos vitalicios y bien remunerados —en las posiciones medias y bajas, los sueldos del sector público son más altos que los del privado— fue «una feliz casualidad» para ellos, según define el catedrático de Ciencia Política y de la Administración Carles Ramió.

Desde el punto de vista de los nacidos en los ochenta y noventa, el funcionariado es un privilegio de sus padres. Aunque el tamaño de la Administración ha seguido creciendo, el número de plazas convocadas se estabilizó a partir del 95 y se frenó durante los años de la crisis financiera e inmobiliaria, de modo que quienes salieron entonces al mercado laboral no pudieron ni catar la oportunidad. Lo explica un artículo de Ángel Villarino y Javier G. Jorrín en *El Confidencial* sobre el gran relevo generacional al que se enfrenta la Administración ahora que se jubilan los boomers.

«Para entender dónde estamos, hay que remontarse unos años en el tiempo. Cuando estalló la crisis económica en 2008, se paralizó cualquier plan a largo plazo. El único objetivo nacional era evitar el rescate. El resto de los problemas pasaron a un segundo o tercer plano. La situación de las cuentas públicas forzó al Gobierno de

José Luis Rodríguez Zapatero a recuperar la tasa de reposición, abandonada desde el año 2002, y establecerla en el 30 %. En la práctica, esto significaba que solo se reponía uno de cada tres funcionarios que se jubilaban. En 2011, se bajó todavía más, hasta el 10 %, y se empezó a aplicar solo a los sectores prioritarios (sanidad, educación y seguridad del Estado). En el resto, simplemente se cortó por lo sano: trabajador que sale, puesto que se amortiza. Esto agravó el ritmo de envejecimiento de las plantillas: los contratados iban sumando años y la llegada de sangre nueva se paralizó, disparando la edad media.» Hoy, ni una tercera parte de los empleados públicos tiene menos de 39 años.

La fulgurante carrera de Búmer Bumérez

Si Charo Chárez vio en lo público una salida laboral adecuada, por muy grisácea que pintara, Búmer Bumérez lo tuvo todo en bandeja para crecer en la empresa. El *trabajo para toda la vida* también existía ahí, pese al paro en aumento y la destrucción de empleo por la reconversión industrial.

Recordemos que los ochenta fueron años moviditos en cuestiones laborales —además de todos los disturbios que hubo en núcleos industriales— y que terminaron con una gran huelga general: la convocada por Comisiones Obreras y UGT en diciembre de 1988. La huelga fue contra un plan de empleo socialista que introducía los contratos temporales de hasta tres años para jóvenes, cobrando el salario mínimo y encima perdonando al empresario las cuotas de la Seguridad Social. La huelga general fue un éxito. El país entero se paró. Se recuerda, sobre todo, por el apagón que hubo en Televisión Española a partir de las doce de la noche. Para una generación que creció con la tele —muchos no olvidan qué vecino tenía el aparato, porque su casa solía ser el lugar de reunión, ni aquellos veranos sin vacaciones pero con tele, ni programas como el *Un, dos, tres...*—, el apagón de los dos únicos canales que existían, La 1 y La 2, fue un acontecimiento conmovedor.

En realidad, el PSOE ya había *psoeado* con aquella reforma laboral anterior de 1984 que flexibilizó la contratación temporal. España iba mal. Tras la primera crisis del petróleo en 1973, hubo otra en 1979 que, en nuestro país, coincidió con la incorporación masiva de los baby boomers al mercado laboral. Y no solo de ellos: también de ellas. Cayó la demanda de empleo, pues las empresas no necesitaban contratar, al tiempo que subió la oferta. Había muchas y muchos jóvenes buscando trabajo, así que el Gobierno vio en la contratación temporal sin causa justificada una fórmula para espabilar al mercado y frenar las altísimas tasas de paro.

¿Cómo se come que hubiera crisis y paro y que, al mismo tiempo, muchos boomers encontraran entonces trabajos para toda la vida? Vamos a intentar explicarlo:

- **Los primeros boomers ya habían empezado a trabajar.** Los nacidos a finales de los cincuenta y muy a principios de los sesenta empezaron a currar antes de la crisis, bien porque no estudiaron más allá de la obligatoria y con 14 años estaban al lío, bien porque en ese momento ya tenían sus veintipico añitos.

- **No se abusa de los contratos temporales hasta 1991.** Aunque la contratación temporal sin causa justificada se aprobó en 1984, no fue hasta otra crisis cortita, la de 1991-1994, cuando se popularizó. «A partir de ese momento, los empresarios decidieron restringir muchísimo los contratos indefinidos y abusar de los temporales, sobre todo, entre jóvenes y en sectores de menor valor añadido (hostelería, comercio, ocupaciones elementales, construcción...) —explica la economista Sara de la Rica, experta en empleo, pobreza y género y directora de la Fundación ISEAK, un centro de investigación económica especializado en políticas públicas de empleo, desigualdades, inclusión y género—. Esto derivó en que, a partir de mediados de los noventa, los jóvenes pasaban por un peaje de contratación temporal durante unos cuantos años al inicio de sus carreras profesionales.» Esas circunstancias pillaron ya a los baby boomers nacidos en los setenta.
- **Los que ya estaban dentro del mercado laboral tenían el privilegio del contrato indefinido y luchaban por protegerlo.** Hay una teoría del empleo formulada en los ochenta por un economista sueco y otro germano-estadounidense que explica el mercado laboral en términos de *insiders* y *out-*

siders. Los *insiders* serían los que ya están dentro; los *outsiders*, los de fuera. En España, la desarrolló el profesor Antonio Argandoña, del Instituto de Estudios Superiores de la Empresa IESE. Según él, y por resumir, los *insiders* cuentan con el contrato indefinido y con que a la empresa le sale caro despedirlos. Además, los sindicatos —que en los ochenta pintaban mucho más que ahora— apoyan a los *insiders* y, si hace falta, firman sus onerosas prejubilaciones a cambio de joder a los que vengan detrás (ya lo hemos visto en el capítulo anterior sobre la reconversión industrial). Conclusión: el que pillaba contrato indefinido tenía la carrera garantizada. Cuando hubo que pasar por el peaje del contrato temporal, los boomers con estudios universitarios lo tuvieron mejor que los que no, aunque tardaran unos añitos en colocarse.

- **Los inmigrantes que llegaron en los dos mil se quedaron con los peores trabajos.** Esta situación, lejos de *quitar el trabajo* a los boomers españoles que por aquel entonces ya eran cuarentones, les benefició: «España crecía a ritmos del 3 % anual por el boom de la construcción —añade De la Rica—. No hubo impacto negativo en los baby boomers nativos, sino incluso positivo, ya que les permitió alcanzar mejores puestos de trabajo debido a la alta demanda laboral». Si no hubieran llegado inmigrantes, tal vez el Búmer Bumérez obrero se habría quedado en peón, pero gracias a ellos pudo ascender a gerente.

En general, para la generación de los boomers, tener un contrato indefinido fue sinónimo de estabilidad. Y como las mujeres eran también, de algún modo, *outsiders* y buscaban trabajos compatibles con la crianza de los hijos (como si fueran solo suyos), los hombres experimentaron grandes progresos laborales en el sector privado.

Como ejemplo práctico tenemos el de Conrado, el del capítulo «La vida cañón», que en 1974 y con 14 años entró de botones en el Banco Ibérico. Ahí se quedó hasta los 61. Cuarenta y siete años en la misma empresa, que se dice pronto, y desde el principio con contrato indefinido. «Era un banco muy familiar. Entré a través de mi tío. Entraban hijos de, sobrinos de, amigos de...», cuenta. Una vez dentro, el banco le proporcionó formación para ir subiendo de categoría: primero auxiliar, luego oficial segundo, oficial primero y así hasta jefe de cuarta C. Como hubo varias fusiones bancarias a lo largo de casi medio siglo, Conrado terminó su carrera laboral en el Santander. Lo mismo pasaba en Telefónica. Boomers que empezaron de jovencitos buscando una nómina y, sin especial pasión por las telecomunicaciones —ellos de operadores, ellas de botones para repartir el correo y de telefonistas—, terminaron prejubilándose allí. Cuando entraron, la compañía aún era pública: se hacía un pequeño examen, pero no era una oposición. En 1997 terminó de privatizarse, así que, cuando llegó la crisis y los prejubilaron, ya salían de una empresa privada. Dichas carreras llevaban asociadas jornadas de trabajo largas y partidas, con su par de horas para comer.

Entonces aún imperaba la cultura del menú del día, de salir a que te sirvieran dos platos, postre, vino y café. Había dinero o tiques-restaurante, no como ahora, que además de trabajar tus horas, los domingos tienes que hacer *batch-cooking* para llenar los *tuppers* que calentarás en un triste microondas colectivo a lo largo de la semana.

Jóvenes cargados de ilusión

¿Te acuerdas de Antonio, que hace viajes fotográficos a Kenia con su mujer a razón de 5.500 euros por cabeza? Pues fue uno de ellos. También me recibe con una bandeja de café y pastas en el adosado en el que vive con su mujer, que tiene un jardincito con una pequeña parte techada. Estamos en Tres Cantos, la misma localidad al norte de Madrid en la que vive Merche y en la que me detendré por tres motivos. Uno: porque sus primeros habitantes fueron funcionarios que formaron cooperativas de viviendas, lo que dio lugar al desarrollo de una ciudad de clase media, no necesariamente rica, pero sí con gran estabilidad. Dos: porque, después de esos municipios de Asturias, Teruel y León con superpensiones procedentes de la minería, está Tres Cantos, el octavo municipio con la pensión media más elevada del país, de 1.968 euros brutos al mes en catorce pagas. Y tres: porque es mi pueblo, en el que he crecido y al que sigo yendo los fines de semana a casa de mis padres a comer. Conozco bien Tres Cantos y creo que sus características vienen perfectamente al caso en materia boomer, porque aunque boomerlandias hay unas cuantas por España, esta tiene matices que encajan con las trayectorias de muchos de la generación.

Tres Cantos fue proyectado en 1970 porque Madrid no paraba de crecer y hacía falta vivienda. Crecía, como las demás grandes zonas urbanas, porque seguían llegando a trabajar padres de boomers que emigraban desde el campo y porque no paraban de nacer los propios boomers. De hecho, Tres Cantos nació por decreto junto a otras «nuevas ciudades»: La Cartuja en Sevilla, Rey Fernando en Zaragoza, Martorell y Sabadell-Terrassa en Barcelona, Lakua en Vitoria y Río de San Pedro en Cádiz. La inspiración venía de las *new towns* británicas y la idea era hacer desarrollos zonificados en los que hubiera casas, trabajo y alegría, de modo que no hiciera falta salir de allí. Algo parecido al concepto de «ciudad de quince minutos» de ahora. En Tres Cantos la crisis de los setenta ralentizó los planes, pero en los ochenta llegó el PSOE —que gobernó en la Comunidad de Madrid hasta 1995, antes de dejar paso al omnipresente Partido Popular— y los retomó con ganas. Así que las cooperativas de vivienda se montaron entonces y los primeros habitantes aparecieron a partir de 1982. Una década después, 22.000 personas vivían en Tres Cantos.

Los que llegaron durante aquellos años fueron boomers jovencitos cargados de deseos e ilusión. Lo normal, en Tres Cantos y en el resto del país, era lo siguiente: te emparejabas, encontrabas trabajo y te casabas. Ambas cosas, en principio, para toda la vida. Quizá vivías unos años de alquiler. Y después comprabas. El primer hijo solía llegar entre un momento u otro y para el segundo ya tenías el pisito o, en el caso de Antonio, el adosado.

Antonio y yo tomamos café en la parte techada del jardín. Hijo de maestros de escuela y criado en Zaragoza junto a sus cuatro hermanos, dos chicos y dos chicas, estudió la carrera de Ciencias Químicas e hizo la mili. «El servicio militar se empleaba, entre otras cosas, para desarraigar un poquito —recuerda—. ¿Qué eres, de Zaragoza? Pues vas a hacer la mili en Andalucía. Casualmente, como eso se sorteaba, a mí me pilló en la misma Zaragoza. Renuncié a la prórroga para ir: fue acabar el último examen e ingresar. Cuando yo la hice, era un año.»

¿Cómo fue aquella experiencia? ¿Cómo casó con su etapa universitaria? «Para mí fue una etapa aciaga. Era duro. Y no es que fuera duro por incómodo, sino porque era como entrar en el túnel del tiempo. Imagínate: tú estabas viviendo una sociedad que empezaba a respirar, estabas en un ambiente universitario: huelgas revolucionarias un día sí y otro también, siempre en manifestaciones... Había todo un movimiento juvenil contrario al *status quo* del régimen. Vivías en otra cultura, oías música que no era la cañí de toda la vida, rompías con muchas cosas. Nuestros padres venían de un mundo un poco gris y nosotros estábamos en un momento de efervescencia, rompiendo con el pasado. Y el servicio militar era volver al pasado. Encima, a mí me veían como un universitario, con melena, al que intentaban putear. Los hombres de mi generación hemos hablado poco de este tema después, lo cual también es un síntoma.»

Al terminar la carrera y la mili, Antonio buscó un trabajo *de lo que fuera*. Necesitaba un salario y le daba un poco lo mismo de qué. Su novia —con la que se casó y aún sigue— había estado con él en Zaragoza mientras terminaba la carrera, pero el plan era irse a Madrid porque ella estudió allí. «Los farmacéuticos habían desbancado a los químicos de la industria, así que la salida profesional normal era opositar a profesor de instituto. Se tiraron dos años sin convocar plaza. Me vi sin opciones y saqué el listado de oposiciones abiertas —cuenta—. ¿Qué hice? Pues apuntarme a las de Telefónica. Eran para ser currito, no funcionario.» A Antonio le dio igual haber estudiado Química y terminar entrando de operador en una empresa de telecomunicaciones. Porque en la generación de los boomers el trabajo era eso: un trabajo. Todavía faltaban varias décadas para que la vida laboral se convirtiera en una yincana a la que dedicarse en cuerpo y alma por ser lo que *te gusta* y constituir una pata fundamental de tu identidad, como bien describe la escritora Naiara Puertas en su libro *Al menos tienes trabajo*, en el que radiografía y cuestiona el mercado que se encontraron los millennials.

El examen no fue difícil para alguien con sus estudios. «Había que tener conocimiento técnico de nivel medio y habilidades básicas de cálculo. Cositas sencillas. Entramos 250 de golpe en una empresa que llegó a tener 75.000 empleados. Fíjate qué modelo: todo se hacía con empleados, no con contratas que a su vez subcontratan y a su vez subcontratan.» Al ser una compañía con tantos miles de empleados, los sindicatos eran fuertes, también porque las plantillas marchaban como un ejército. Igual que en las industrias pesadas. «Los sindicatos funcionan bien ahí porque aglutinan perfiles homogéneos, con mismos salarios y mismas necesidades. Había miles de operadores, miles de mecánicos… —recuerda—. El ambiente sindical consiguió unos convenios con muy buenas condiciones.»

Antonio entró en Telefónica en 1979 y salió en 2008, siendo jefe, prejubilado con 52. Cuenta que su salario fue mejorando con el tiempo sin hacer nada (¡nada!) porque iba pactado por convenio y se subía de categoría por antigüedad. Además, se actualizaba cada año con la inflación, que en los ochenta estaba desatada y llegaba a superar el 15 % anual (ahora está en el 3 % y ya nos parece mucho). «Tú imagínate que a los cinco años te dicen: "Pues ahora te voy a subir el sueldo un 15 %. Y, además, la revisión que te toca". Ibas mejorando con los años sin hacer nada especial más que cumplir. Si eras una persona inquieta y querías promocionar, te presentabas a otras oposiciones e ibas subiendo de categoría.» Pese a la estabilidad con la que contaba, el primer hijo y el chalet no le llegaron hasta pasados once años, quizá porque su mujer, Ana, tardó un poco más en asentarse: había estudiado Medicina, trabajaba como médica rural en un pueblo de Segovia y para volver a Madrid se preparó, como él, el examen para entrar de técnica en Telefónica. Con el tiempo, ella redujo su jornada para ir a recoger a los críos al cole.

El matrimonio vivió de alquiler en Carabanchel hasta que a principios de los noventa se apuntó a una cooperativa, la del sindicato UGT, llamada PSV (Promoción Social de Viviendas), que quebró al poco tiempo y terminó con el director condenado por apropiación indebida. Su promoción fue la última en entregarse: «Habíamos visto otras promociones de adosados porque nos hacía ilusión tener un pequeño jardín, pero no nos daba. Aquí te apuntabas en una lista y mientras se construía hacías frente a los pagos. Para eso sí teníamos. Tuvimos la inmensa fortuna de que salió bien».

6
LA CASA PAGADA

Antonio y Ana compraron su adosado en 1992; una casa en Vera, en Almería, en 2003, y otro pisito en Tres Cantos en 2017, porque el dinero en el banco no rendía y a alguno de sus hijos le podía venir bien si se quería independizar.

Merche, después de vender su primer piso en Fuenlabrada por más del doble de lo que costó —pagó 3,2 millones de pesetas y vendió por 8 millones—, compró con su marido una casa en Santander, donde él nació. La pagaron en cinco años, pero terminaron trasladándose a Madrid y la vendieron. Estuvieron unos años de alquiler en un piso militar, de los que el Ministerio de Defensa posee y alquila a los miembros de las fuerzas armadas para facilitarles los cambios de destino. En 2001, esos pisos salieron a la venta por la mitad de su valor catastral, así que aprovecharon la oportunidad, compraron, cerraron la terraza para hacer un salón más grande y ahí siguen.

Vicente, el minero antifascista, compró un dúplex en Mieres, en Asturias, en 1999. Lo vendió en 2018 por menos de lo que costó, porque allí el precio ha ido hacia abajo, y compró otro más pequeño y sin escaleras para cuando se fuera haciendo mayor. Cuando se prejubiló, pilló una casa con terreno en un pueblo costero. Cada año, los meses de verano, se traslada ahí, organiza parrilladas con sus amigos y se va de pesca.

Berto, otro de los paisanos mineros con los que tomé café, dice que tiene *overbooking* de viviendas. Murieron sus padres y le dejaron un par en el pueblo. Sabe que puede colocárselas a algún inglés de los que andan buscando casas por dos duros en el norte, pero no lo hace por motivos sentimentales. Además del piso en Mieres con su mujer, tiene otro en Oviedo en el que reside su hija de 29 años, que aún no tiene ingresos. «Estudió Psicología y un máster en Sexología —cuenta—. Está tratando de abrirse camino en ese ramo, pero de momento no arranca.»

Espe, la sevillana que llegó a Barcelona con 6 años, vive en el piso de su madre porque la tiene que cuidar. En el 95 miró para comprar en el barrio de Sant Andreu, pero estaba sola, con una bebé de un año y un padre que no quiso hacerse cargo, y no le daba. En el 97 vio un apartamento más barato en Segur de Calafell, en la playa, hizo cálculos, vio que podía asumirlo y compró. Lo mantiene.

Para escribir este libro entrevisté a una treintena de boomers de muy distinto perfil. De izquierdas, de derechas, de centro y pasotas de la política. Los disfrutones y los austeros, los emparejados, los solteros y los divorciados, gente que tuvo hijos y gente que no, gente que fue a la universidad y gente que no la pisó, funcionarios, currritos, curritos que fueron despedidos, curritos a los que les ha quedado una pensión de narices y curritos que cuando se jubilen tendrán que tirar con menos de 1.000 euros al mes. Cada uno con su historia y características, pero todos con algo en común: al menos una vivienda en propiedad.

Si algo define a la generación boomer española es el hecho de que pudo comprarse una casa —cuando no varias— y pagarla en pocos años sin dejarse en ella la mitad de su salario. La propiedad es, especialmente desde los tiempos del franquismo, una particularidad inherente a la sociedad española. Digamos que los tecnócratas de la dictadura —con De Arrese a la cabeza, el mismo que dijo lo de «mejor todos propietarios que todos proletarios»— diseñaron políticas que fomentaron la tenencia. Una vez en democracia, ningún partido de Gobierno —ni PSOE ni PP, dos caras de la misma moneda— ha querido cambiarlas.

El alquiler se percibe como un peaje transitorio, como unos años reguleros *tirando el dinero* antes de entrar por la puerta grande en el ideal propietario. Como dice el sociólogo Carlos Delclós —en mi opinión, la persona que mejor ha estudiado a ese ser omnipresente en la política y la cabeza españolas, el llamado «pequeño propietario»—, se trata de una profecía autocumplida: si damos por hecho que alquilar es tirar el dinero, jamás pondremos remedio a la jungla en la que se ha convertido el mercado.

Stop tabernas: que el obrero pase su vida pagando una vivienda

Pasear entre las casitas de Can Peguera, al norte de Barcelona, es como estar en la España rural, aunque de fondo se vean decenas de mamotretos desarrollistas de hasta trece alturas porque en realidad sigues dentro de la ciudad. Can Peguera es un pequeño barrio de apenas quinientas viviendas de una única planta: casas de pueblo, adosadas, algunas con jardín exterior, construidas entre 1929 y 1932 para trabajadores que vivían en barracas. Fueron producto del Patronato Municipal de Vivienda que se creó en 1927 con dos objetivos: aprovechar las leyes de casas baratas promulgadas en la época y levantar viviendas para los inmigrantes (en su mayoría, valencianos y murcianos) que acudieron a construir el Metro de Barcelona y la Exposición Universal de 1929. Fueron para allá antes de las oleadas andaluzas de los cincuenta y sesenta, las que salieron del campo atraídas por la creciente industria catalana.

Cuando hablamos de los años treinta del siglo pasado, nos situamos en la vida de los abuelos de los boomers. Nos interesa el contexto para entender cómo han evolucionado las posibilidades de acceso a la vivienda de los trabajadores españoles, igual que en el capítulo 2 vimos cómo habían cambiado sus aspiraciones vacacionales (¿recuerdas?, la vida cañón en 1935 era viajar a Soria). A principios del siglo pasado, los obreros urbanos no tenían nada: vivían como podían en buhardillas o en la periferia de la ciudad. En Madrid, se edificaron algunas viviendas de carácter social impulsadas por la beneficencia, por señoras de clase alta como Concepción Arenal deseosas de practicar la caridad. Arenal fundó la Constructora Benéfica y creó una de las primeras promociones de vivienda obrera en la calle Caridad. Eran casitas de dos plantas para el obrero y su familia. A las dos últimas que quedaban en pie se las llevó la piqueta en 2023.

La historiadora Paloma Barreiro hizo su tesis sobre las leyes de casas baratas, que venían a resolver el *problema de la vivienda* —no es un problema nuevo, sino más bien eterno—, inspirándose en Europa. Son leyes que en España se dictan en 1911, 1921 y 1925. A principios del siglo XX, los Ayuntamientos de países como Inglaterra, Holanda, Bélgica y Alemania empezaron a comprar terrenos para levantar viviendas públicas y ponerlas en alquiler. Si bien sucedió en Barcelona —de hecho, los inquilinos de las viviendas públicas protagonizaron una huelga masiva de alquileres en 1931—, esto no fue una idea definitiva ni el espíritu de las mencionadas leyes. Lo que se promovía era el acceso a la propiedad: que los obreros recibieran créditos para comprar. Barreiro, a quien entrevisté hace años, me explicó que incluso los socialistas, que ya tenían presencia parlamentaria, consideraron correcto llamarlas «casas baratas» en vez de «casas obreras» para no excluir a las clases medias. De hecho, la última ley de casas baratas ya habla de «casas económicas destinadas a la clase media».

«En España —me contó—, la propiedad privada se defendió con uñas y dientes. Los socialistas no se daban cuenta de que lo importante era el valor del suelo, que debería ser del Ayuntamiento para construir en alquiler. El concepto era tener al obrero atado: hacerle propietario, ahuyentarle de la taberna, de las organizaciones obreras, y que pasara el resto de su vida pagando vivienda. Como ahora.» El «instinto de la propiedad» español, como ella lo definió, es más viejo que el hilo negro.

Colonias de casas baratas nacidas al amparo de estas leyes hay unas cuantas por todo el país: la Finca Roja de Valencia (un edificio, no casitas), el barrio malagueño Ciudad Jardín, La Unión en Sestao... En Barcelona, además de Can Peguera, está el polígono del Bon Pastor, cuyos vestigios se han convertido en museo. En Madrid, hay multitud de colonias, algunas verdaderamente obreras y otras todo lo contrario, de ricos, porque algún constructor espabilado aprovechó las leyes para levantar palacetes dirigidos a las clases medias profesionales (funcionarios, periodistas, artistas o militares). El Viso y Fuente del Berro son buenos ejemplos de ello.

Las colonias de casas baratas se situaban en las afueras, donde todo aquello aún era campo. Hoy nos parecen una auténtica monería porque, a medida que crecieron las ciudades, quedaron dentro, atrapadas, como oasis rodeados de torres y asfalto. De ahí su revalorización. Fueron una fórmula adecuada para un momento determinado que pronto quedó obsoleta: las casitas son una cucada, pero no servían para acomodar a los cientos de miles de personas (¡los padres de los boomers!) que empezaron a llegar. En el polígono del Bon Pastor barcelonés se dieron cuenta pronto y, en 1965, plantearon sustituir las casas por bloques de viviendas. Aunque la ejecución de este plan no empezó hasta 2003 (por la negativa de los vecinos, que preferían remodelar sus casas antes que cambiarlas por pisos), en los sesenta se construyeron varias torres a su alrededor. Estamos en pleno desarrollismo y las ciudades necesitan que quepa más gente en menos sitio, es decir, densidad.

Fascistas pero inteligentes

«En el equipo de Franco eran muy listos y sabían bien lo que hacían. Mientras ellos favorecían la vivienda protegida en propiedad, Salazar, en Portugal, creaba parques públicos de alquiler. Era más tonto, pero mejor fascista.» Lo dice Javier Burón, boomer de 1970 y propietario, que se define a sí mismo como viviendista. No solo controla el tema desde una perspectiva académica: también lo hace desde la práctica, desde el día a día trabajando en políticas de vivienda, primero en el Gobierno vasco, luego en el Ayuntamiento de Barcelona y ahora en la empresa pública de vivienda de Navarra. Además, ha escrito el libro *El problema de la vivienda*. Con Burón he coincidido varias veces en eventos sobre vivienda y es más que un experto en la materia. Su tesis es generacional: una de las dificultades que tenemos para solucionar este asuntillo nada menor en España es la lectura distinta que cada generación hace de esta cuestión.

«Tú le dices a un millennial de centro-derecha que el mercado está roto y que hace falta intervención y te lo compra. Sin embargo, se lo dices a un boomer de izquierdas, felipista de misa diaria, y te dice que nos hemos ablandado, que no trabajamos duro, que tenemos mucho ocio y que si ahorrásemos un poco podríamos comprarnos una vivienda —comenta—. Y aunque le compares con estadísticas el número de salarios íntegros que había que destinar para comprar vivienda en su época y cuántos salarios en la nuestra, no lo querrá ver. Porque es una imputación a su vida. Ellos creen que les estás diciendo que no se esforzaron, y sí lo hicieron. Pero cuando ves que en otras generaciones también hay esfuerzo y no se puede acceder a vivienda... La clave está en qué vagón generacional vas, porque en cada uno hay unas condiciones determinadas.» Es una lectura bastante adecuada a la realidad. He entrevistado a boomers muy de izquierdas y a otros muy de derechas que piensan igual: que por mucho que sea un derecho constitucional, la vivienda hay que *ganársela*.

Para la generación de los padres de los boomers, la que creció entre posguerra y desarrollismo, el franquismo diseñó un vagón de propietarios (la mentalidad ya estaba ahí). Franco y sus ministros fueron *inteligentes* porque, al promover la vivienda protegida, a bajo coste y en propiedad, sentaron las bases para que floreciera la clase media. Eso le dijo el propio Franco pocos años antes de morir al general estadounidense Vernon Walters, que vino enviado por Nixon a interesarse por su sucesión: «Yo dejaré algo que no encontré al asumir el Gobierno de este país hace cuarenta años: la clase media española» (la anécdota sale del libro *El efecto clase media*, del sociólogo Emmanuel Rodríguez).

Además de la creación del Ministerio de la Vivienda y del Instituto Nacional de la Vivienda, el régimen lanzó dos grandes planes nacionales de vivienda para construir millones de pisos: el primero para 1956-1960, de 550.000 viviendas de renta de alquiler, y el segundo para los años 1961-1976. No es que los edificara el Estado; al menos, no todos. Un porcentaje muy elevado de las viviendas protegidas fueron de promoción privada. Los constructores recibían subvenciones a fondo perdido, así que estaban encantados. Véanse las cuentas de José Banús, el de Puerto Banús y el madrileño barrio del Pilar: cada piso le costaba 35.000 pesetas y lo vendía a 150.000, además de recibir 25.000 pesetas públicas por piso *by the face* que no tenía que devolver. Los datos salen de su obituario en *El País*.

¿Era fácil acceder a una vivienda? «No eran obscenamente caras. Lo caro era el crédito», dice el mismo Burón. Los compradores de vivienda protegida tenían acceso a financiación promovida por el régimen, pero no a cualquier precio: las hipotecas se daban a plazos de entre diez y cincuenta años y los tipos de interés oscilaban entre el 4 y el 12 %. El catedrático de Geografía Julio Vinuesa, de la Universidad Autónoma de Madrid, me lo resumió así para un artículo que escribí sobre el propietariado en *elDiario.es*. «Fue una estrategia política y social. Convirtieron en propietarias a personas que se hipotecaron a cuarenta o cincuenta años. Era un esfuerzo total: la gente que venía del campo dejaba de fumar o de tomarse una caña para comprar.» Las huellas de la vivienda franquista en las ciudades son evidentes: además de los toldos verdes y el ladrillismo, todavía quedan por ahí miles de placas del Instituto Nacional de la Vivienda con el símbolo de la Falange que solo recientemente han empezado a retirarse.

La maniobra funcionó: si en 1950 la mitad de la población vivía de alquiler, en 1970 el porcentaje se había reducido al 30 %. Para cuando nacieron los boomers, la vivienda en propiedad ya se daba por hecho. Para cuando crecieron y les tocó a ellos, el panorama había cambiado, pero las bases ideológicas seguían ahí. «¿Cómo no voy a ser clase media si soy propietario de mi vivienda y mis abuelos no lo eran? —razona Burón—. Esa carta la jugaron bien.»

Sueños de ladrillo

La casita en la que viven Antonio y Ana, su mujer, está en la segunda fase de Tres Cantos, aquella localidad al norte de Madrid en la que me crie. Dicha fase —con semejante frialdad se llama a los barrios en estas nuevas ciudades tan planificadas, cuadriculadas y poco espontáneas— está formada por hileras de adosados construidos durante los noventa. La primera fase está dividida en sectores, que en la práctica son supermanzanas como las de Barcelona. Los pisos son de los ochenta y los chalets, de los noventa; décadas en las que en España se dejó de construir tan hacia arriba como en los sesenta y setenta, cuando lo que hacía falta era densidad.

Estamos ya en la era de las áreas metropolitanas y el *urban sprawl* (en español, de la 'dispersión urbana'), que es todo lo contrario a densidad. Una ciudad densa es la que mete a mucha gente en poco espacio (con megabloques de pisos), mientras que una ciudad dispersa es la que utiliza mucho suelo para poca población. Es un formato importado de los *suburbs* estadounidenses. Si el boomer americano nació y se crio allí, el boomer español proyectó sus sueños en ese tipo de ciudad.

En los años ochenta, las ciudades estaban saturadas. La mejora de las infraestructuras y la motorización permitieron a las familias incipientes salir de los barrios y buscar el pisito en las afueras, porque, total, en coche o en Cercanías tardas media hora hasta el centro y se está más tranquilo. Es una mentalidad que sigue vigente, en parte porque los productos inmobiliarios disponibles se han desarrollado así. Vamos, que a mucha gente no le queda otra y se autoconvence de que está mejor fuera que en el ruidoso y contaminado meollo urbano. Hay varios vídeos paródicos de Pantomima Full que lo retratan bien. El más descriptivo, *Urbanización*, tiene frases como «Vivíamos en el centro, pero nos apetecía más calidad de vida, así que nos hemos venido a una urbanización» (y una cartela de «SE MUDA A LA VEJEZ») y «¡A media hora del centro y a media hora de la sierra!» (y una cartela de «EN LA NADA»).

En septiembre de 2021, mi compañero Raúl Sánchez y yo publicamos en *elDiario.es* un trabajo de datos bastante espectacular (el mérito de esto fue suyo) sobre la historia del urbanismo español. Lo titulamos *España vive en pisos: por qué hemos construido nuestras ciudades en vertical.* Es un artículo interactivo cuya base es un mapa con las alturas de todos los edificios de España, a excepción del País Vasco y Navarra, que no están en el catastro nacional. Uno de los geógrafos con los que hablé para armar la historia fue Joan Romero, catedrático en la Universidad de Valencia, que me dio cuatro claves sobre el nacimiento de las coronas metropolitanas en España. La primera, la existencia de una clase media joven y emergente con renta suficiente para adquirir una vivienda fuera de la ciudad tradicional (véanse Antonio y su mujer o Merche y su marido: justo lo que Franco dijo que quería dejar como legado) y uno o dos coches para desplazarse. La segunda, el desarrollo de las comunicaciones (carreteras y transporte público). La tercera, la progresiva extensión del estado de bienestar a las coronas en forma de equipamientos (escuelas, centros de salud...). La cuarta, la «percepción positiva» de lo rural frente a lo urbano. Las grandes ciudades, que tanto habían crecido en las dos décadas anteriores, perdieron población en las décadas de los noventa y dos mil: «Se quedaban en ellas quienes no podían salir».

El crecimiento de Tres Cantos es producto de esa época, igual que el de otros núcleos madrileños como Pozuelo de Alarcón, Majadahonda y Las Rozas (de chalets y renta alta) o Móstoles, Leganés, Alcorcón y Getafe (de pisos y renta media-baja). En Barcelona, las rentas altas se concentran en el eje de Sant Cugat del Vallés hacia la sierra; las medias, en el eje de Montcada. Todas las grandes ciudades españolas tienen su *sprawl*, y fue allí donde fueron a parar decenas de miles de parejas de boomers cuando tuvieron su puesto de trabajo asegurado y tal vez el primer bebé en camino. Hay una fotografía que sacó mi padre cuando Tres Cantos era aún un descampado que me encanta: mi madre embarazada de mí junto al primer coche que compraron (un Renault 18) y frente al que poco después sería su piso. Seguro que imágenes parecidas descansan en los álbumes de muchas otras familias boomers.

Unos pocos millones de pesetas

El adosado con jardín de Antonio y Ana costó 8,5 millones de pesetas en 1993, lo que al cambio y sin inflación serían hoy 51.000 euros. El salario medio era de 173.000 pesetas mensuales, poco más de 1.000 euros. La diferencia es que ahora ese chalet vale más de medio millón de euros y el salario medio en España es de 2.273 euros al mes. El precio del chalet se ha multiplicado por diez y el del salario solo por dos.

Cierto es que cuando España entró en el euro, en 2002, los precios de todo subieron casi automáticamente. Las chuches que antaño costaban 5 pesetas la unidad pasaron a costar 5 céntimos, más de 8 pesetas; productos cotidianos que se vendían a 100 pesetas evolucionaron con el tiempo a productos de 1 euro. Y así con todo. Pero que los precios de los pisos de entonces nos parezcan tan disparatadamente baratos ahora no tiene tanto que ver con el euro como con la inflación inmobiliaria salvaje.

Visto de otro modo y con datos oficiales del Banco de España: en 1993, hacían falta 3,8 años de salario bruto para comprarse una casa y, ahora, 7,5, casi el doble. Nos movemos en un marco muy distinto al ochentero: entonces, la *clase media emergente* podía comprar una casa sin despeinarse demasiado. Ahora… ¿qué es la clase media? Hablaremos de ello, pero antes veamos en qué condiciones accedieron los boomers a sus viviendas.

«Nuestra hipoteca fue a quince o veinte años —recuerda Antonio—. Era una hipoteca con Argentaria, una entidad pública, y, al ser de protección oficial, el tipo de interés estaba bonificado y por debajo de mercado.»

La cooperativa Promoción Social de Viviendas (PSV) de UGT nació a finales de los ochenta para construir miles de viviendas protegidas para trabajadores: algunos suelos los compró por su cuenta, pero otros le fueron cedidos o adjudicados por Administraciones Públicas. Los interesados debían abrir una cuenta ahorro-vivienda —un producto financiero muy boomer creado en el franquismo, mantenido en democracia y popularizado en los noventa en el que se metía dinero para comprar ladrillo y obtener ventajas fiscales— y hacer pagos mensuales hasta que la promoción estuviera terminada. Hay varios elementos en este caso concreto, que podría ser el de otro boomer cualquiera, que reflejan la realidad inmobiliaria del momento:

- **Las hipotecas se pagaban en menos años.** El plazo medio de devolución de una hipoteca en 1990 era de diez años; los boomers con los que hablé pagaron sus primeras casas en quince o veinte como mucho. Ahora la media es de veinticinco años. Pagar la mensualidad, con dos sueldos estables, no era un drama. «Existían las letras de cambio. Se compraban en el estanco, eran papeles muy largos. Yo firmé doce mensualidades por quince años —cuenta Merche—. Di 200.000 pesetas de entrada y pagaba 22.000 pesetas al mes, con un sueldo de 80.000.»
- **Los tipos de interés eran muy altos.** Típico argumento boomer para decir que ellos también lo tuvieron difícil y destacar lo muchísimo que se tuvieron que esforzar. Y es cierto: en 1990, el tipo de interés de una hipoteca podía superar el 16 % —una barbaridad: ahora están en torno al 3 %—, pero ya sabemos que los precios y salarios permitían comprar con menos esfuerzo.
- **Había bastante vivienda de protección oficial.** Antes de que el mercado se calentara a partir de finales de los noventa y, sobre todo, en la década de los dos mil, se construían en España una media de 200.000 viviendas al año, la mitad, protegidas. Ya estábamos en democracia y ya se estaba creando el estado de bienestar, pero el viejo «instinto de

> la propiedad» seguía siendo fuerte, tanto que esas viviendas protegidas y a precio limitado no eran ni públicas ni para alquiler, sino que se vendían a particulares que a su vez podían venderlas al precio que desearan pasados unos años (entre diez y treinta).

Y esto es bastante anómalo: se invierten recursos públicos, a través de suelo o financiación, en viviendas que enriquecerán a unos pocos. Sumadas a las que se edificaron durante el franquismo, se han construido en España algo más de seis millones de viviendas protegidas desde 1956. Hoy, señala Burón, solo hay 400.000 gestionadas por la Administración. Eso significa que casi seis millones de familias han podido o pueden vender una vivienda que compraron a precio limitado al precio que quieran (con las excepciones de País Vasco, Cataluña y Navarra, que disponen de políticas más o menos recientes para evitar esto). Por otro lado, son conocidos y están documentados los tejemanejes que hay para comprar vivienda protegida no descalificada en todo el territorio por un precio más alto que el oficial. El artículo «Así son los chanchullos en la venta de vivienda protegida en España: los muebles aparte o 50.000 euros en negro», de Sandra López Letón en *El País,* da buena cuenta de algunos de estos fraudes, que básicamente consisten en pagar una parte en B.

A medida que avanzaron los noventa, decrecieron el gasto público en vivienda y la construcción de vivienda protegida, al tiempo que aumentaba vertiginosamente la libre. Confluyeron varios factores: la Ley del Suelo de 1998 y determinadas leyes autonómicas favorecieron que los Ayuntamientos calificaran suelo como urbanizable, una fórmula que les servía para crecer y recaudar más impuestos. De ahí sale la evolución de los *sprawls,* de las coronas metropolitanas que habían nacido en los ochenta. Al entrar en la zona euro, bancos y empresas lo tuvieron más fácil para financiarse en el extranjero. Los tipos de interés cayeron, así que era más barato pedir hipotecas. Y, por si fuera poco, el Gobierno de Aznar aumentó los incentivos fiscales a la compra de vivienda. Los precios se dispararon. Se estaba gestando una jugosa burbuja inmobiliaria que explotó en 2008, con consecuencias dramáticas. En cualquier caso, los años dos mil pillaron a los boomers nacidos en los sesenta con 40 años, cuando ya tenían hijos y al menos la primera vivienda hipotecada. Los boomers de los setenta sí se la comieron con patatas.

Un pisito en la playa

Esther, de 56 años, natural de Segovia y comercial en una aseguradora, compró su primer piso en 1994. Tenía 26 años. Su vida inmobiliaria es interesante, un reflejo de la evolución de la España noventera a la de los dos mil y de la juerga que fue la burbuja para quienes habían comprado casa antes, por cómo se disparó su valor. Esther llegó a tener tres casas hasta que se divorció: la del día a día en Segovia, un apartamento en Benidorm y otra en el pueblo.

«Nos mudamos a la primera casa una semana antes de que naciera mi primer hijo —cuenta—. Era una vivienda asequible porque era de protección oficial. La vendían los dueños porque se cambiaban a otra más grande. Nadie confiaba en nosotros para darnos un préstamo: éramos muy jovencitos y yo ni siquiera tenía trabajo estable. Encontramos un banco que nos dio un tipo de interés muy alto, pero prácticamente el cien por cien. No era tan exigente como ahora.»

Como los intereses bajaron, Esther y su ahora exmarido llevaron la hipoteca a otro banco. En diez años, el piso se les quedó pequeño y buscaron otro de nueva construcción. Mantuvieron la casa anterior alquilada, pero poco después —en 2006, el pico de la burbuja— se les antojó un apartamento en Benidorm. Como la primera ya se había liberado, la vendieron por más del triple de lo que les costó: «Compramos por 9 millones y vendimos por 30 —recuerda—. Utilizamos una parte para el apartamento, otra parte para quitar hipoteca del piso nuevo y otra para comprar muebles nuevos. Se nos quedaron dos hipotecas superllevables». En 2010, los padres de él les cedieron un terreno en un pueblo segoviano y construyeron su tercera vivienda allí.

Los años de la burbuja quedan en el recuerdo como aquellos en los que el banco te daba más de lo que necesitabas para el piso, por si querías decorarlo, comprarte un coche o ir de vacaciones. El crédito fluía, la fiesta no paraba: «Cuando compramos la segunda vivienda, fíjate tú, había gente que pedía más de lo que valía la vivienda. Y se lo daban. Eso fue un boom inmobiliario impresionante y un error de los bancos horrible», dice Esperanza. No es la única boomer que se lleva las manos a la cabeza con aquello. Cuando el crédito dejó de circular como consecuencia de la crisis financiera internacional, se disparó el desempleo y cientos de miles de familias no pudieron hacer frente a las cuotas de la hipoteca y fueron desahuciadas. Así que un montón de nuevas promociones que, de repente, no tenían ni financiación ni compradores, quedaron a medio hacer. El paisaje era demoledor: España se llenó de esqueletos de edificios.

El franquismo había sido muy activo en invertir dinero público y en acompañar a los promotores. «En democracia, ese gasto cayó. Los Gobiernos de Felipe González pensaron: "Esta tarea la hace muy bien el mercado y la Administración está, en todo caso, para dar alquiler a los más pobres, facilitar operaciones de regeneración urbana y poco más" —sostiene Burón—. La mayor parte de los instrumentos estatales que ayudaban a generar vivienda protegida desaparecieron con el felipismo. Y luego llegó Aznar y ya fue la fiesta. Ya no se trataba de fomentar más o menos vivienda de protección oficial (VPO), sino de querer solo vivienda de mercado.» Como consecuencia de todas estas políticas, España petó y hoy se sitúa a la cola de Europa en términos de vivienda social. Cómo de catastrófico sería el panorama que hasta un artista alemán, Hans Haacke, le dedicó una exposición —«Castillos en el aire»— a la burbuja con fotografías del desastre inmobiliario bajo un enorme rótulo en el que se leía *The invisible hand of the market* ('La mano invisible del mercado').

Por A o por B, no es raro que los boomers tengan más de una propiedad inmobiliaria, aunque esta puede tener menos glamour que un apartamento en Benidorm y ser simplemente un garaje o un local. Los jubilados son el grupo con más propiedades extra, además de su vivienda principal. La probabilidad de tener más de una propiedad aumenta con la edad, según datos del Banco de España: el porcentaje de multipropietarios entre mayores de 55 años es superior al 50 %, mientras que para los menores de 35 apenas llega al 15 %. Evidentemente, esta variable está atravesada por el nivel de renta: los ricos tienen más propiedades que los pobres.

Por otro lado, el fenómeno del *pisito en la playa* existe, pero no es tan transversal como parece en el imaginario colectivo. Una buena parte de las segundas residencias de los hogares españoles son las casas del pueblo, las que dejaron los padres de los boomers cuando emigraron y a las que quizá van los boomers en verano, aunque otros las han heredado y las tienen cerradas porque no consiguen ponerse de acuerdo con sus hermanos para venderlas. Los últimos datos del censo de viviendas del INE dicen que 2,9 millones de hogares españoles tienen una segunda residencia en propiedad, un 15 % del total. Según el sociólogo Julio Alfonso del Pino, quien ha investigado el tema en profundidad, la mitad de estas están en zonas rurales. Las casas que heredó Berto, el minero, entran dentro de esta categoría. El apartamento en Benidorm de Esperanza, de la primera. Hay gente de clase trabajadora como ella que accedió a su pisito en la playa, pero el fenómeno pertenece más bien a las clases acomodadas.

«Yo acabé la carrera en 1992, empecé a trabajar en 1994 y me independicé en 1995 —repasa Javier Burón—. Me pilló la burbuja inmobiliaria. Cuando explotó, una parte de mi generación, los que tenían menos recursos, acabaron en ejecuciones hipotecarias. Los de clase media esquivamos esa bala. ¿Qué percepción tenemos? Que podíamos haber estado mejor, porque nuestros padres trabajaron mucho pero accedieron jóvenes a la primera y la segunda residencia. En mi generación, la gente tiene más o menos resuelta la primera residencia, pero si tienes segunda es porque estás muy bien económicamente o porque te han apoyado mucho tus padres. A la gente de cuarenta para abajo no os han ofrecido ni hipotecas: solo alquiler.»

¡No hace falta que lo jures, Javier!

Los más ricos de España

El resultado de este historial de medidas es indiscutible: España es uno de los países europeos con mayor porcentaje de propietarios de su vivienda, un 75 % de la población según los datos de Eurostat de 2023. Nos superan las antiguas repúblicas soviéticas (Lituania, Estonia y Letonia) y otros países del Este de influencia comunista, en los que de un día para otro las viviendas dejaron de ser del Estado y pasaron a manos privadas.

La edad, el vagón generacional, es determinante en la propiedad. Los mayores tienen casa y los jóvenes no. Y esto no es así de siempre. Hasta la crisis, siete de cada diez hogares españoles menores de 35 años tenían una vivienda en propiedad. Eran los boomers pidiendo hipotecas al 110 % o terminando de pagar la casa que compraron en los noventa, quizá incluso vendiéndola por el triple de lo que pagaron. A partir de entonces, se rompió todo. Hoy, solo tres de cada diez hogares jóvenes poseen una vivienda principal. Por el contrario, los mayores de 65 son los más propietarios de España: más del 83 % tienen casa propia.

El trabajo para toda la vida y las condiciones económicas, de precios y acceso al crédito en las que los boomers se hicieron adultos les permitieron comprarse una casa. A la larga, esta decisión ha resultado ser una gran inversión. La vivienda nueva se revalorizó un 728 % (qué mareo) entre los ochenta y 2011, lo más profundo de la crisis. Cierto es que quienes compraron en lo más candente de la burbuja vieron caer el precio después, pero, con los años, la máquina inmobiliaria ha vuelto a coger velocidad y los pisos se han convertido en un bien de inversión. Total, para tener el dinero parado en el banco lo metes en un piso, le haces un lavadito de cara, compras tres muebles del IKEA y se lo alquilas a estudiantes o turistas.

Las altas tasas de propiedad sumadas a la revalorización han provocado que los mayores sean los más ricos de España. Este dato lo mide la Encuesta Financiera de las Familias. Hablamos de riqueza neta (el patrimonio que uno tiene, restándole las deudas que aún le quedan por pagar; por ejemplo, la hipoteca) y no de renta (el dinero que uno recibe cada año), aunque en esta última cuestión tampoco les va mal a los boomers, porque sus pensiones se actualizan con el IPC y la mayoría de los salarios no. Pero ese es otro tema del que hablaremos más adelante... Hoy en día, en España, cuanto mayor seas, más rico eres: los mayores de 75 años son el grupo más rico y, de ahí, para abajo. Son exactamente diez veces más ricos que los menores de 35 años. La riqueza mediana de los mayores de 75 es de 220.000 euros; la de los menores de 35, de 20.000. La mediana es mejor que la media para estas cosas, porque la media está adulterada por los extremos (ejemplo: Amancio Ortega distorsiona la riqueza media de los españoles).

Técnicamente, que los mayores sean más ricos que los jóvenes tiene algo de *normal.* A lo largo de su vida adulta, uno trabaja, crece en lo profesional, mejora su sueldo, ahorra, consigue acceder a una vivienda y llega a la edad de jubilación en su pico de riqueza. Entonces, empieza a ingresar menos dinero —la pensión es inferior al salario— y debe tirar de ahorros o de las inversiones que tuviera por ahí, para complementar. Los economistas consideran que la gente debería morir siendo pobre, con cero euros, porque en su cabeza lo *lógico* es fundirse todos los ahorros durante la jubilación. Pero las decisiones económicas no son siempre racionales. En España somos muy familiaristas y nos gusta dejar herencia a nuestros hijos.

¿Significa esto que los jóvenes españoles igual tienen que tener un poquito de paciencia porque cuando sean mayores serán tan ricos como sus padres lo son ahora? En absoluto. Solo hay que ver la evolución de la riqueza por grupos de edad, que también analiza el Banco de España: los nacidos entre 1986 y 1988, que hoy tienen casi 40 años, tienen menos de 50.000 euros. A esa edad, sus padres tenían entre 100.000 y 150.000 euros. Podría suceder que los jóvenes compraran bitcoin, igual que sus padres se metieron en pisos, y *holdearan* hasta triplicar su inversión. Lo que pasa es que tienen una capacidad de ahorro tan ridícula (salarios bajos, alquileres altos) que no pueden invertir ni acumular riqueza salvo que les caiga una buena herencia. Y, en este caso, les llevan ventaja a los boomers, porque tienen menos hermanos y, como mucho, tendrán que repartir con uno o con dos.

7
¡A POR LA PAREJITA! LA FAMILIA BOOMER

María José y Manolo mantienen con los muebles de siempre las dos habitaciones de sus niñas, Raquel y Elena. «Tal cual. Son suyas —exclama ella sin dudarlo, casi dando un salto en el sofá—. Tampoco necesitamos el espacio. Y se han ido hace relativamente poco, porque cuando la pequeña estudiaba venía cada quince días.» A la pequeña, «muy trabajadora pero pésima estudiante», la terminaron animando para que hiciera Enfermería. «Le costó, pero, como es responsable, lo hizo. Y yo creo que ahora nos lo agradece muchísimo», relatan con orgullo. La mayor, más aplicada, optó por Ciencias del Mar. Las dos tuvieron que marcharse de casa a otras ciudades al empezar la universidad: la mayor a Alicante, porque en Albacete hay buen jolgorio pero no mar, y la pequeña a Murcia, porque no le daba la nota y hubo que pagarle la privada. Aunque supusieran un dinero, ambas decisiones fueron incuestionables: «Siempre hemos considerado que la educación es lo mejor que les podemos dejar a nuestras hijas —dicen tajantes—. Nos hemos quitado de cosas, pero esto lo teníamos claro. No pasa nada».

El matrimonio lleva unido toda la vida. Se conocieron teniendo ella 16 y él 20 porque salían en la misma pandilla. Empezaron de novios y a los nueve años, cuando ambos habían encontrado trabajo y alcanzado cierta estabilidad, fijaron fecha para casarse. Hasta ese día de verano de 1995 cada uno vivía en casa de sus padres, pero en la noche de bodas ya les esperaba su nuevo hogar: un señor piso de doscientos metros cuadrados con enorme balconada en el salón y a muy pocos minutos del centro de Albacete, la ciudad en la que ambos crecieron y en la que siguen viviendo. Accedieron al pisazo, que pagaron en cómodos plazos, porque la familia de Manolo estaba construyendo el edificio entero, de tres plantas, sobre un solar que fue una ganga.

«Si te digo lo que costó te caes de culo. Un solar de 400 metros cuadrados por cinco millones de pesetas», cuenta. O lo que hoy serían 30.000 euros. «Este barrio era de casas viejas y el Ayuntamiento obligó a sus propietarios a ponerse de acuerdo con gente que quisiera comprarlas para edificar, pero había que hacerlo deprisa. Por eso se vendió todo tan barato.» Entraron con lo justo: el dormitorio y unos sofás para sentarse. Ni siquiera había aún luz en el portal: «No fuimos de esos matrimonios que se casan con los cuadros ya colgados —recuerdan—. Pusimos las lámparas y poco más». Treinta años después, ahí siguen.

Salones llenos de figuritas

El salón de María José y Manolo es grande, muy grande, rectangular, con acceso a los balcones por el lado más ancho y con dos generosas lámparas colgantes de cristal. En un extremo están los sofás, grises, dispuestos en forma de L ante una gran mesa de centro. La pared que hay sobre uno de ellos está pintada de granate y adornada con acuarelas. Es un elemento decorativo que he visto en otras casas de boomers: pintan una única pared de un color bien fuerte, que no deje indiferente a nadie, una suerte de estilismo dosmilero muy alejado de la moda minimalista posterior. En la esquina que queda entre los sofás hay una mesita con fotos de la familia. De vez en cuando, suena el *tin tin tin tin* del reloj de pared. En medio, está la televisión, siempre presente; al otro lado, la mesa de comedor, sus seis sillas y el mueble aparador de madera maciza. Sobre la mesa y el mueble hay objetos: está la fotografía de ellos jovencitos y recién casados del día de su boda, las de las niñas de comunión, colecciones de libros diversos, la vajilla buena y muchas, muchas figuritas. No falla en las casas buméricas la colección de figuritas: bustos de porcelana, velas decorativas, jarroncitos con flores secas sobre paños de ganchillo, recuerdos de viajes y ceniceros de cristal. Cualquier millennial que se haya hartado de compartir piso con desconocidos podría pensar que menudo trabajo más tonto tener tantas figuritas que se te llenen de polvo. En la familia boomer, sin embargo, el polvo brilla por su ausencia, igual que la nevera está siempre llena y la ropa siempre planchada (sábanas, toallas y bragas incluidas). No es algo que suceda por arte de magia, por supuesto, sino que son las mujeres del matrimonio —o, en las familias que pueden permitírselo, las señoras de la limpieza, que a veces son las mismas que recogen a los niños del colegio— las que mantienen con sus horas de trabajo no remuneradas la armonía en el hogar. Pensará algún boomer lector que *not all men,* pero una encuesta realizada por el INE en 2002, durante la mediana edad de los boomers españoles, reveló que las mujeres dedicaban tres horas diarias más que los hombres a las tareas relacionadas con la casa y la familia.

Los hogares boomer se configuraron entre mediados de los ochenta y principios de los dos mil, cuando los nacidos en los sesenta fueron consiguiendo estabilidad laboral, comprando sus primeras viviendas en pareja y teniendo hijos. Cierto es que algunos boomers trabajaban fijos desde los 14 años, pero también que otros pasaron por empleos temporales antes de conseguir el contrato indefinido o sacarse la oposición. Incluso vivieron en pisos de alquiler. Esas trayectorias se reflejan en un dato que a veces llama la atención: desde principios de los ochenta, la edad media de las madres primerizas ya superaba los 28 años. Cuando a un millennial sus padres lo han tenido con 27, 28 o con algo más de 30 años se solía decir que «ya iban tarde». Es una creencia arraigada incluso entre las propias madres boomers: *Yo ya iba tarde.* Pero en absoluto era así.

La tendencia a retrasar la maternidad empezó cuando la generación del *baby boom* se puso a formar familias y no ha dejado de aumentar desde entonces. En 1996, sobrepasó por primera vez los 30 años de edad y, en los últimos datos disponibles de 2023, se situó en 32,6 años. En España, ya hay más madres primerizas mayores de 40 que menores de 25 y, aunque la edad de la maternidad se retrasa en toda Europa, los españoles y nuestros hermanos mediterráneos italianos nos llevamos la palma. Es un asunto sobre el que se han dado muchas posibles explicaciones: ¿es la precariedad?, ¿es la vivienda?, ¿es que los jóvenes son unos hedonistas que solo quieren beber vino y viajar?, ¿es que los hombres son unos huevones y las mujeres prefieren vivir con gatos que criar? Para el caso que nos ocupa, nos interesa como comienzo de una tendencia que no tiene pinta de revertirse a medio plazo y que, a la larga, condiciona factores que trataremos después, como el sistema de pensiones y la desigualdad provocada por las herencias.

La parejita en tiempos trabajocéntricos

María José y Manolo tenían claro desde el principio que querían, como mínimo, dos hijos. Él quizá habría ido a por más, pero sendos embarazos fueron complicados y se quedaron en la parejita, como tantos otros boomers que planificaban la concepción de modo que sus dos hijos, lo ideal el niño y la niña o viceversa, se llevaran entre dos y tres años de diferencia.

En 1975, el número medio de hijos por mujer en su vida fértil era de 2,77. Veinte años después, se había reducido a menos de la mitad. Recordemos que los boomers son una generación de mucha gente porque sus padres empezaron a tener hijos como locos porque las expectativas económicas eran optimistas y no existía control alguno de la fecundidad. El régimen franquista prohibió la venta de preservativos y la píldora anticonceptiva, que no fue legal hasta 1978, aunque ambos métodos se comercializaban de forma clandestina. Habría que preguntar a las madres de los boomers, las abuelas de los millennials, si de verdad querían concebir a tres, cuatro, cinco y hasta ocho niños. Si de verdad fueron felices dedicando su vida a parir.

Para sus hijas boomers, la historia fue relativamente distinta. Ellas ya tenían la opción de ir a la universidad —aunque en determinadas familias esa posibilidad se reservara solo para los hermanos varones y a ellas se les negara— y de incorporarse al mercado laboral. No significa que nuestras abuelas no trabajaran nunca, sino que, una vez tenían hijos, se metían en casa y seguían pariendo, uno detrás de otro. Las mujeres que fueron madres en los ochenta y los noventa también renunciaron a mejores carreras profesionales que sus maridos: dejaron sus trabajos durante unos años, optaron por jornadas reducidas, se hicieron funcionarias Charo Chárez para conciliar, volvieron al mercado laboral privado cobrando menos… Pero, en general, la sombra de que *lo importante es trabajar* siempre estuvo ahí.

El trabajocentrismo llega hasta nuestros días. Ni siquiera los lemas progres de que hay que poner *la vida y los cuidados en el centro,* signifiquen lo que signifiquen, han conseguido acabar con él. Carolina del Olmo es filósofa, escritora y boomer joven, de 1974. En 2013, publicó *¿Dónde está mi tribu? Maternidad y crianza en una sociedad individualista,* un libro sobre la tecnificación de la crianza y la soledad de la maternidad contemporánea. Del Olmo es, además, directora editorial del Círculo de Bellas Artes de Madrid, precioso edificio céntrico en cuya última planta me recibe para hablar de cómo ha cambiado eso de formar una familia en España, especialmente, desde el punto de vista de la mujer.

«Mi impresión es que a finales de los setenta y principios de los ochenta aún predominaba el feminismo de la vieja escuela: lo que hay que hacer es trabajar y los niños a la guardería. Es una caricatura, pero va por ahí —dice—. Es en ese momento cuando empiezan los métodos de dejar dormir al niño solo en su cuarto. Todo esto se alarga: los nacidos en los noventa también se crían así. Para los nacidos en los dos mil, ya empieza la cultura de la crianza respetuosa y natural. A finales de los noventa, oí hablar de la Liga de la Leche, un grupo de mujeres que se juntaban para apoyarse en la lactancia, algo que tiene derivaciones muy bonitas y otras muy chungas, pero era una rareza. Ahora grupos de lactancia hay todos los que quieras y más.»

Los noventa, dice Del Olmo, son un momento de transición. De crianza desapegada o, al menos, de crianza no tan loca como la que se observa en nuestros días, en los que al estrés normal de ser madre se suman los grupos de WhatsApp de las familias del cole, los profesores pidiendo que el niño lleve manualidades al día siguiente y la difusión de relatos en redes sobre lo agotadora que es la maternidad. Si bien dichos contenidos pueden ayudar a visibilizar y a crear redes de apoyo, no dejan de ser un martilleo constante sobre el mismo tema. Cojo una publicación al azar del Instagram de Malas Madres, una comunidad que reivindica a las madres que no son *superwoman* y pide que la conciliación sea real: «Seis de cada diez mujeres tendrían más hijos o hijas si contaran con mayor acompañamiento para cuidarlos. Necesitamos apoyo, comunidad y servicios que hagan la crianza más fácil». No existe una comunidad equivalente de Malos Padres, por lo que sea.

La crianza no fue más fácil para las madres boomers de lo que lo es para las millennials, sino que, de acuerdo a Del Olmo, las primeras hicieron más por restarle peso: «El bebé venía en el *pack* del trabajo doméstico, de todo lo que habías escapado por indicación de tus padres, que te dijeron que tenías que trabajar y que no podías depender de tu marido —dice—. Así que las mujeres que traían esto de serie tendían a decir: "Tengo a los niños, porque es lo que toca y no me planteo no tenerlos, pero no me pueden estorbar"».

De finales de los setenta son las reivindicaciones feministas para que abrieran escuelas infantiles y ellas pudieran trabajar. Hasta entonces, las guarderías eran asilos creados por mujeres de alta alcurnia con ganas de ser almas caritativas, como aquellas que montaron sus propias constructoras benéficas para hacer viviendas obreras (véase el capítulo sobre la infancia boomer y la referencia a Concepción Arenal). Solían estar en los centros laborales femeninos; por ejemplo, en las fábricas de tabaco en las que trabajaban las cigarreras. Las demandas feministas posteriores abogaban por instalarlas en los barrios, donde vivían las familias completas, para que los padres también se involucraran. De hecho, es la generación de madres de los boomers la que, a través de las asociaciones de amas de casa, pelea y consigue las primeras escuelas infantiles públicas. Ahora mismo, la red de escuelas de 0 a 3 años es amplia en toda España —ya sean públicas o privadas— y somos uno de los países europeos con mayor tasa de escolarización temprana.

Aunque posteriormente se haya pretendido recuperar, con matices, una crianza *natural* en la que el niño no estorba, sino que necesita a su mamá y su teta durante más de los cuatro meses que dura la baja de maternidad, la legislación mantiene el poso laboral por encima de todo. «Tras la petición de las escuelas infantiles, ha habido cierta presión por alargar los permisos de maternidad —dice Del Olmo—, pero nunca ha sido una presión muy fuerte, en parte porque se ha mezclado con la ideología de los partidos. El PSOE es el partido que, por naturaleza, tendría que haber trabajado en estos asuntos. Reivindicar permisos de maternidad más largos choca con la reivindicación de la mujer profesional, con trabajo, libre. El feminismo del PSOE ha sido muy trabajocéntrico. ¿Bajas más largas? Ni hablar, porque entonces competimos peor que los hombres en el mercado laboral. Por eso, la propuesta de igualar las bajas de paternidad y maternidad fue ampliamente apoyada. Para las mujeres es un triunfo, pero un triunfo un poco amargo: nosotras queríamos un permiso más largo, porque nos parecía que dieciséis semanas son pocas para recuperarnos del parto, conocer al bebé y apañarnos. Y, de repente, se las han dado a ellos.»

Los papás boomers tuvieron que conformarse con dos días de baja cuando nacieron sus bebés. Dicha ridiculez de baja también afectaba a las mamás, que de repente se veían recién paridas en casa con un nuevo y pequeño ser humano al que cuidar mientras se recuperaban. Los permisos de paternidad se ampliaron a quince días en 2007 y se equipararon a los de maternidad antes de ayer, concretamente, en 2021, cuando quienes estaban formando familias ya eran los millennials. No se han registrado manifestaciones de hombres españoles ni para demandar la medida ni para celebrarla una vez aprobada: que ahora ellos tengan dieciséis semanas de baja es, como apunta la escritora, un logro femenino. Si es amargo o no dependerá de a quién le preguntes: a mí, que no sé lo que es parir, me parece una idea fantástica porque nos iguala a mujeres y a hombres de cara a un posible empleador. Y si dieciséis semanas son pocas, que el siguiente paso sea ampliarlas para todos.

«Nos hemos sacrificado»

«Yo sabía que, en cuanto me quedara embarazada, me iba al paro, porque no era fija y porque mi compañero me lo decía —recuerda María José—. Pero no hace falta tenerlo todo para tener hijos. Es apostar por lo que tú quieres. Y yo tenía claro que mi vida iba por delante.» Su jefe la despidió cuando nació la mayor, volvió a contratarla y repitió la jugada con la pequeña. Pero dio igual: el matrimonio no se amedrentó y tiró hacia delante, algo que hoy recuerda con satisfacción.

«Nos hemos ido apañando —continúa ella, quien, fruto de aquellos vaivenes laborales, terminó sacándose una oposición para ser administrativa en el Servicio de Salud de Castilla-La Mancha—. Parece que ahora para tener hijos hay que tenerlo todo muy estructurado y hay que poder seguir viajando. Nosotros renunciamos a vacaciones: no podíamos irnos porque teníamos dos hijas y queríamos tener dos hijas. Los sábados, en vez de salir a cenar, nos quedábamos en casa. Dejamos de ir de casa rural con nuestros amigos por no gastar, aunque solo tuviéramos que pagar la comida y la bebida. Pero decíamos: "En este momento, no podemos".» Pese a todo, Manolo recuerda la infancia de sus niñas como la etapa más feliz de su vida: «Cuando eran pequeñas, quedábamos con nuestros amigos y ellas jugaban con sus hijos... Lo hemos pasado bastante bien. Éramos felices. ¿Podía haber dedicado ese dinero a engordar mi vitalidad y salir de viaje por ahí? Sí, pero no me arrepiento de nada.»

Aunque ni María José ni Manolo lo mencionen explícitamente, en su *renuncia* —a viajar, a cenar fuera y a algún que otro capricho— hay algo de *sacrificio*. Y en su *parece que ahora hay que poder seguir viajando*, algo de imputación a cómo organizan su vida las generaciones más jóvenes. Después de *la vivienda hay que ganársela*, top pensamiento transversal boomer cañí, viene el *nos hemos sacrificado*. Mientras os criábamos hemos dejado de salir por ahí o no hemos salido todos los fines de semana. Y si dejarais de tomar tanto *gin tonic* y coger tanto Ryanair, vosotros también podríais tener hijos.

¿Seguro? La caída de la natalidad no se debe a una única causa, sino que obedece a un conjunto de factores que, como hemos visto, van desde la despenalización de los métodos anticonceptivos a la falta de estabilidad, pasando por algo tan simple como que a muchas mujeres, sencillamente, no les dé la gana quedarse embarazadas. Aunque ahora exista un relato que dice que los millennials no tienen hijos por culpa de la *precariedad*, la caída empezó con los boomers. Sin embargo, hubo unos años de pequeño *baby boom* en los dos mil, cuando España crecía. ¿Por qué en ese momento sí, pero antes y después no? Eso es justo lo que estudió Carlos Delclós —sociólogo que tan investigado tiene al pequeño propietario— en su tesis doctoral, realizada en la Universitat Pompeu Fabra en 2014: *Explicaciones culturales y estructurales de la fertilidad: el caso de España a principios del siglo* XXI. Delclós explora la relación entre natalidad y vivienda, entre ponerse a tener hijos y tener un techo donde caerse muerto. Una interpretación muy oportuna en el contexto de decisiones de vida boomer versus decisiones de vida millennial.

«El tema boomer en España es muy particular —comienza—. La emancipación, la formación de la pareja estable, la compra de la casa y la llegada de los hijos se sincronizan. Esto, que en literatura se llama "transición a la adultez", ocurre en España en una ventana de tiempo muy cerrada y mucho más tardía que en otros países. Tiene que ver con la precariedad laboral, que los boomers también han sufrido, y con las altas tasas de temporalidad que ha habido siempre. También con que el Estado externaliza una buena parte de la protección social en las familias y la acumulación de patrimonio. De algún modo, tener una casa propia sirve de estado de bienestar. Todo se orienta a eso.»

Además de ser un gran interesado en temas de vivienda, a Delclós le atrajo la natalidad por ser un tema en el que, sospechaba, había mucho espacio para discursos racistas. «Siempre he tenido un poco de olfato para estas cosas —cuenta—. Pensé que en algún momento llegaría la extrema derecha, cogería la natalidad y la convertiría en un temazo. Por eso pensé en cuantificar una de las decisiones más difíciles de cuantificar que hay: la decisión de tener un hijo.» La teoría del gran reemplazo —una tesis ultraderechista que sugiere que la población blanca europea, con la natalidad en caída libre, corre el peligro de ser sustituida por inmigrantes musulmanes árabes y norteafricanos— va por ahí.

El número de nacimientos en España se incrementó año tras año entre 1998 y 2008. Fue una época en la que a España, por el hecho de *ir bien*, empezaron a llegar migrantes procedentes, principalmente, de Rumanía, Marruecos y países latinoamericanos. El pico tuvo lugar en 2008, con más de medio millón de nacimientos, al igual que el número de hijos por mujer, que llegó a 1,45.

«Todo el mundo lo explicó en términos de inmigración —dice el sociólogo—. Pero la natalidad entre las españolas también subió, tanto en términos de hijos deseados como en los que finalmente tenían. Hay muchas estadísticas que dicen que un buen porcentaje de los nacimientos en España en esos años fueron de madres migrantes y que, por tanto, esa fue la causa del aumento de los nacimientos. Y eso es lo que yo quería desmontar. Durante los años de bonanza, las perspectivas de futuro son mejores. La burbuja fue una especie de ilusión óptica en el campo de los valores, porque la gente creía tener más control sobre lo que quería hacer. El número de hijos deseados por las españolas subió: la norma de la parejita es constante, pero en esos años tienden a querer tres hijos. Luego volvió a caer. Por su parte, es posible que las mujeres migrantes llegaran con la idea de tener cinco hijos, pero con el tiempo iban bajando hacia los dos, y a converger con las españolas.» Asociar inmigración a altas tasas de natalidad es racista, continúa Delclós, «porque se trata a las personas no blancas como salvajes ultrafértiles, como conejos. Es una manera de bestializarlas». Decir que la inmigración resolverá el problema demográfico de España, porque no solo vienen, sino que encima tienen muchos hijos, es otra manera de hacerlo.

Los años boyantes de la burbuja sirvieron para que los boomers pidieran hipotecas al 120 % y para que terminaran de dar forma a sus sueños familiares. «Tener un contrato temporal disminuía la probabilidad de tener un segundo hijo. Tener firmada una hipoteca, la aumentaba —dice Delclós—. Hay un efecto residual: algunas de las personas que compraron casas entonces lo hicieron en torno a la idea de tener un segundo o un tercer hijo.»

De modo que el acceso a la vivienda en propiedad, ese del que los millennials carecen, tiene algo que ver con la natalidad. La relación con la renta, sin embargo, no está tan clara: hay ciudades como La Línea de la Concepción, en Cádiz, o Lorca, en Murcia, donde la renta es más baja que la media española y el número medio de hijos por mujer es más alto. «La temporalidad en el empleo y el estatus de inquilino se miran como fases de transición a la adultez —concluye Delclós—. Muchos boomers estuvieron de inquilinos, *tirando el dinero*, antes de comprarse una casa y sincronizar este hecho con la llegada de los hijos. ¿Qué sucedió con la crisis? Que el pacto con los millennials se rompió y estos se convirtieron en la *generation rent*, o generación del alquiler.»

Todo por las niñas (o los niños)

Manolo pidió permiso para entrar una hora más tarde a su trabajo, de administrativo en una finca agrícola albaceteña, para así poder llevar a las niñas a la guardería. La plaza pública en el Servicio de Salud y sus horarios conciliadores permitían a María José estar por las tardes con ellas. Durante un tiempo, ya en el colegio, contrataron a una canguro que también limpiaba la casa en las horas centrales del día: «Venía a las once y media, las recogía del cole, las traía, les daba la comida que habíamos preparado nosotros y las volvía a llevar», cuentan. Si un día hacía falta, los abuelos acudían al rescate (o algún padre o madre de la pandilla, porque todos tuvieron hijos más o menos a la vez). En verano, cada uno cogía quince días y se las llevaba de vacaciones: bien al apartamento de los abuelos en Torrevieja, bien a la casa del pueblo. Juntos, un año, cuando ya eran un poco mayores, también fueron a Londres, un viaje del cual hay una fotografía de recuerdo en el salón.

La crianza boomer consistió, a grandes rasgos, en hacer malabares con los horarios e insistir a las niñas, y a los niños, en que su trabajo era esforzarse y estudiar. Antes de que nacieran los boomers, en 1960, el 94% de la población adulta no había completado más que los estudios primarios y un 15% no sabía ni leer ni escribir, según datos de la Encuesta de Población Activa recopilados por los economistas Ángel de la Fuente y Rafael Doménech. Sesenta años después, más del 70% de la población tiene educación secundaria. Los boomers fueron los primeros en acceder masivamente a la secundaria, ya lo vimos, y a los estudios superiores, aunque a este último tramo no llegaran todos. Para los hijos de las clases medias boomers no había duda, no se planteaba otra opción: había que ir a la universidad.

«Yo quería que mis hijas tuvieran estudios para que tuvieran un nivel y pudieran trabajar en lo que quisieran —reconoce María José—. Cuanto más nivel educativo, más fácil es el acceso al mercado. Un universitario puede trabajar de camarero, pero un camarero no puede acceder a otros trabajos. Tener nivel educativo te abre más puertas.» Por cuestiones ideológicas, las llevaron a un colegio concertado católico y, aunque aseguran que no fueron muy pesados con las extraescolares, sí que les exigieron que aprendieran inglés: «A la hora de encontrar trabajo, es fundamental —afirman—. Sin inglés, no eres nadie».

Hoy, el 58 % de las mujeres y el 46,3 % de los hombres de entre 24 y 35 años —por edad, los zetas y los millennials, es decir, los hijos de boomers— han completado la educación superior. Cuanto más joven es un español, más posibilidades tiene de haber ido a la universidad, igual que cuanto más joven es un español, menos posibilidades tiene de poseer una vivienda en propiedad. Y aunque el inglés nunca ha sido nuestro fuerte, por eso nos juntábamos solo entre españoles cuando nos íbamos de Erasmus, la proyección paternal para que lo aprendiéramos siempre estuvo ahí. Ahora hay incluso colegios bilingües y padres que hablan a sus hijos en inglés para que lo vayan pillando.

Siguiendo el consejo de sus familias, muchos hijos de boomers estudiaron y obtuvieron ese deseado nivel (algunos estudiaron tanto que incluso adquirieron *demasiado nivel* para las posibilidades laborales que ofrecía España). Los millennials nacieron a partir de mediados de los años ochenta, así que fueron justo quienes terminaron la carrera en 2008, cuando empezó la crisis. Quizá un millennial temprano, de principios de los ochenta, se salvó por los pelos y encontró trabajo cuando las cosas todavía iban bien, pero el resto salió a un mercado laboral reventado y lamentable, en el que su carrera universitaria servía, como mucho, para hacer unas prácticas cobrando 300 euros al mes.

De aquel aciago período es la historia de Benjamín Serra, un joven —hoy más cerca de los 40 que de los 30 y exitoso creador de contenidos humorísticos en redes sociales— que en 2013 se convirtió en un símbolo de los *jóvenes aunque sobradamente preparados.* «Me llamo Benjamín Serra, tengo dos carreras y un máster y limpio váteres —publicó en un post de Facebook que se hizo muy viral—. No, no es broma. Lo hago para poder pagar el alquiler de mi habitación en Londres. Trabajo en una famosa cadena de cafeterías del Reino Unido desde mayo. Después de cinco meses allí, hoy por primera vez me he visto desde fuera. Me he visto limpiando los aseos. Mi pensamiento ha sido: "Soy premio extraordinario de fin de carrera en mis dos titulaciones y limpio la MIERDA de otros en un país que no es el mío" [...] Yo creía que merecía algo mejor después de tanto esfuerzo en mi vida académica, pero parece ser que me equivocaba.»

Al menos tienes trabajo —el libro de Naiara Puertas— recoge el episodio de Serra y se pregunta dónde está el problema. «¿En encontrarse en el extranjero o en que no se ve el premio tras la inversión educativa? —escribe—. Otra vez la ambivalencia, el discurso del quiero y no puedo. La educación esgrimida como derecho en los días pares y como inversión en los días impares.» Señala, además, una contradicción: la «inflación universitaria», que permitió al joven viral sacarse dos carreras y un máster, «coincidió con el aterrizaje de un buen contingente de población inmigrante en España que también limpiaba mierda y ponía cafés en un país que no era el suyo. Las actitudes individuales y las titulaciones [...] pueden tener algún papel en la contratación, pero no tienen ninguno en la decisión sobre qué empleos creamos o qué producimos».

El mercado laboral de los ochenta ya flaqueaba; en los noventa, terminó de romperse con la generalización de los contratos temporales y de *trabajos de mierda* como el de repartidor. Los boomers que se salvaron fueron los que ya estaban dentro (*insiders*), los que se hicieron funcionarios y los que, tras unos años con contratos temporales, consiguieron el indefinido. Como luego España empezó a *ir bien* y vinieron inmigrantes, sus carreras mejoraron porque otros *outsiders* se quedaron con los *trabajos que nadie quería hacer*. En cualquier caso, y como me apuntó la economista Sara de la Rica, «las personas con estudios universitarios estaban menos expuestas a las contrataciones temporales y, si comenzaban así, en pocos años —menos de cinco—, pasaban a contratos mejores. A quienes tenían baja cualificación les costaba muchísimo más transitar hacia trabajos para toda la vida».

Los padres boomers se grabaron esto a fuego. Recordemos que para su generación los trabajos eran solo eso, trabajos, y que muchos no pudieron —ni se plantearon— trabajar de *lo suyo* para cumplir un sueño. En la búsqueda de su ascenso social, inculcaron a sus hijos los valores del trabajo y el esfuerzo a través de la educación. En *El efecto clase media*, el sociólogo Emmanuel Rodríguez sitúa a la escuela como «la institución más íntima a la clase media» en tanto que, a través del mérito y la ilusión de la *igualdad de oportunidades*, proporciona garantías de estabilidad y progreso.

«Frente al privilegio legal o la riqueza, frente a las diferencias de género o color, la escuela reclama el esfuerzo, el estudio y el conocimiento como utilidad social general. La sociedad escolar se confirma como la sociedad del mérito —escribe—. El modo en el que la escuela y la producción de títulos se identifica con la meritocracia descansa sobre ese lecho social en el que tanto los títulos como los medios escolares (disciplina, exámenes) determinan, con pocas desviaciones, las posiciones potenciales en el mercado de trabajo y futuro estatus social.» La idea era que si estudiabas y acumulabas títulos, te iría bien, aunque la crisis y la realidad del empleo patrio tenían otros planes para esos pobres millennials.

En cualquier caso, la ilusión de que *si te esfuerzas, llegarás lejos* sigue presente: de ahí que la crianza sea hoy más intensiva que nunca. Los padres invierten ingentes cantidades de tiempo y dinero en que sus hijos adquieran «capital simbólico, social y cultural», aun cuando lo que realmente les diferenciará del resto será el valor del piso que les dejen en herencia.

8
ENERGÍA DE DIVORCIADA

La noche que llegué a Benidorm, a un par de horas en bus desde Albacete, Esther me esperaba ya con una cerveza en la cafetería de la estación de autobuses. Cuando terminamos, cogimos el coche y fuimos hasta su bar de confianza: un local llamado Las Tablas situado en las profundidades del barrio *brit*. Era lunes y no estaba muy lleno, más bien vacío, pero el local contaba con el reguetón que pinchaba el propio camarero guasón, las cervezas frías que este sacaba una y otra y otra vez en cuanto nos despistábamos y un par de parejas amigas, un matrimonio de jubilados segovianos y unos chicos jóvenes —ella inglesa y él madrileño— con una niña de dos años.

Benidorm tiene tres zonas muy diferenciadas: el centro, que parece Bilbao (hablaremos de esto más adelante), y una playa a cada lado. En la de Poniente recala el turista español y, en la de Levante, el extranjero, que principalmente es de clase trabajadora inglesa. El paisaje comercial se da un aire al de cualquier ciudad del Reino Unido, con *supermarkets* y *curry houses*, pero complementado con esos enormes rascacielos residenciales, palmeras y *pubs* con neones de ciudad de vacaciones. Las Tablas, en Levante, está orientado al guiri en tanto que ponen la televisión de allí, pero por algún motivo se ha ido convirtiendo en el bar al que unos cuantos residentes de la zona, no turistas, van cada tarde-noche a tomar algo.

Vine a esta ciudad de fantasía porque gente de clase trabajadora como Esther, de 57 años, se compró una segunda residencia aquí durante los años locos de la burbuja. En su caso, que aparece en el capítulo «La casa pagada», un poco por antojo y gracias a haberse embolsado más de 20 millones de pesetas al vender a precio libre un piso que compró como vivienda de protección oficial (pura trayectoria boomer, vaya). Sin embargo, al llegar, me encuentro con otra historia: después de ocho largos años de calvario, ha conseguido quedarse con ese pisito en la playa que compró con su ex. Está tan contenta de que todo haya acabado que se siente otra persona, y eso que económicamente su vida se vino abajo cuando se divorció. Aun así, cuando entre cerveza y cerveza pregunto cómo se sintió al dejar un matrimonio de veintisiete años de duración, se le ilumina la cara, sonríe y exclama: «Súper liberada. Impresionante. Muy liberada. Sí, muy liberada».

Después de mucho tiempo aguantando desprecios, comiéndose a sus hijos solita y perdiendo la cabeza hasta que un psiquiatra le dijo que su problema era su marido, Esther abrazó la llamada «energía de divorciada», un concepto acuñado por la *influencer* Rayo McQueer en TikTok. «Es algo que he utilizado muchas veces con mis amigas, porque es como "Chicas, ¿os apetece un plan de divorciadas?". Y todas "¡Síiiii, tía! ¡Unas copas!" —decía McQueer—. Es ser desinhibida, dicharachera, que no te importe hacer el ridículo. Puedes estar casada. Divorciada es una energía. Te gusta salir con tus amigas, contarles chismes. De repente, te bebes una copita de alcohol y te vuelves "¡Uhhh!". Gritas mucho. Eres un poco molesta, quizá, pero divertida. Ese es mi concepto de divorciada.»

Aunque una pueda estar casada (o soltera) y no sea requisito haber terminado una relación, la energía de divorciada explota en momentos así. Lo sé porque lo he vivido y lo vivo cada vez que una amiga sale de algún sitio en el que llevaba tiempo atrapada, en el que había alguna cosa que sí, pero muchas muchas otras que no. A veces nos empeñamos en sacar adelante noviazgos disfuncionales por el peso de todo lo vivido, por el esfuerzo invertido en construir el castillo, pero el día en que, de repente, la mente hace clic y estamos fuera, se desata el *divorciadismo*. Por eso, aunque las historias de las divorciadas que escuché en Benidorm fueran trágicas (con hijos, dependencia económica y malos tratos de por medio), todas llevaban su puntito de dicharacherismo y desinhibición.

Casadas con desgana

Esther se casó, como tantas otras boomers, jovencísima y un poco por obligación. Su exmarido era el típico novio de toda la vida: aun con algún intervalo, llevaban juntos desde los 14 años. «Él vivía de alquiler en Segovia y yo vivía con mis padres. Nos casamos para ir a vivir juntos porque mi padre y, principalmente, su madre, lo veían fatal —cuenta mientras le da otro trago al botellín—. Y yo a mi padre me lo puedo dominar, pero llegamos a presentarnos en casa de sus padres diciendo que nos íbamos a vivir juntos sin casarnos y nos retiran la palabra. Su madre era muy religiosa y mi padre también. Con mi madre no había problema.» Esther tenía 21 años y aún estudiaba la carrera, una diplomatura en Relaciones Laborales que terminó después de casarse. Le había prometido a su padre que lo haría, porque dos de sus hermanos habían abandonado los estudios y el tercero directamente ni los inició.

La boda fue tan boomer como segoviana. Les regalaron la vajilla buena y dinero suficiente para amueblar el primer piso al que se fueron de alquiler, que les consiguió un familiar a buen precio. Sirvieron cochinillo asado y lo partieron con un plato blanco que luego tiraron al suelo porque así se hace allí, supuestamente desde que Cándido —el dueño del mesón más famoso de Segovia, justo debajo del acueducto— inventó el método un día que no tenía un cuchillo a mano. En las fotos se ve a todo el mundo feliz, casi incluso hasta al cerdito muerto, que parece que estira la boca cuando lo abren en canal y lo meten al horno. Y eso que disfrutar, lo que se dice disfrutar... «A ver, no sé cómo explicarlo. Yo no disfruté de mi boda, ni de los preparativos ni nada. Me casé por el motivo que me casé. Y la relación no era muy buena —relata—. Era como muy machista. Hay veces que lo ves normal, otras que no... y así vas avanzando en la vida.»

Veintisiete años pasaron hasta que, por fin, en 2016, se separó. Entre medias: dos hijos, tres casas y dos empresas en común, una frutería que compraron siendo jóvenes y otra de distribución de alimentos creada poco antes del divorcio, después de que ella perdiera su trabajo de administrativa en plena crisis económica y él, comercial en el sector, se decidiera a emprender un negocio. La jornada de ella de seis horas, reducida por los niños, claro, porque no tenían quien los recogiera del colegio y en ningún momento se puso sobre la mesa la opción de que lo hiciera él. «Eso a la larga me ha perjudicado. Por ejemplo, de cara a la jubilación tengo bastante menos cotizado de lo que tendría que tener. ¿Cómo iba a reducirse él la jornada? Su trabajo era su trabajo, sus ingresos eran más importantes y él tenía que trabajar —recuerda con sorna—. Ahí no había discusión. Luego me he dado cuenta de que todo ha sido un error.»

La vida de las divorciadas no es tan cañón

Analicemos la situación de Esther porque es la que nos trae hasta aquí, hasta un capítulo dedicado en exclusiva a la mujer boomer y a su historia económica y laboral. Hablaremos de mujeres que un día decidieron divorciarse, pero cuyas trayectorias hasta ese momento no fueron tan distintas a las de las boomers que siguen casadas.

Esther se casó joven con su novio de la adolescencia, no mucho después tuvieron un hijo cuando ella tenía 26 y, al cabo de poco tiempo, empezó a currar como fija en una empresa con jornada de seis horas, de ocho de la mañana a dos de la tarde. En 2012, la despidieron: vaya por Dios, tuvo la mala suerte de que en su matrimonio la crisis se la comió ella. En 2016, con los niños creciditos —20 y 22 años, ya en la universidad—, tomó la decisión de separarse. «Yo tenía superclaro que esto no iba a terminar bien. Aguantaba por los niños y porque sabía que el desastre económico iba a ser brutal —explica—. Aguanté hasta que un día no pude más porque las faltas de respeto eran exageradas.» Y a partir de entonces, llegó la liberación en lo psicológico, pero también el drama en lo financiero. Hasta ahora, que tiene por fin su apartamento en Benidorm. «Una de las cosas más importantes que recuerdo es llegar a casa, cerrar la puerta y saber que él ya no iba a llegar —dijo—. Luego me lo he pasado pipa. Tenía una amiga divorciada y nos íbamos de fiesta. Lo de ligar con chicos, realmente... Porque venían... Nosotras solo queríamos diversión.»

Cuando empecé a escribir este libro pensaba mucho en mis padres y sus matrimonios amigos, máximos disfrutones, que se pegan viajecitos rurales cada vez que enganchan unos días libres y suben a la sierra a comer chuletón como plan habitual de fin de semana. Sin embargo, amigas mías hijas de padres divorciados me alertaron rápidamente de que sus madres en absoluto estaban así. Ellas disfrutaban del día a día con sus amigas, saliendo a tomar café o yendo a clases de *aquagym*. Igual se habían echado algún novio y, cuando veían que tenían otro señor señoreando en casa, lo largaban y vuelta al *divorciadismo*. En general, sus situaciones económicas no eran tan boyantes como las de Charo Chárez y Búmer Bumérez juntitos: dos sueldos sustentan una estructura familiar de clase media mucho mejor que uno. Habían pasado penurias mientras sus hijos aún estaban en casa, quizá habían tenido que pluriemplearse o les había tocado pedir préstamos para terminar de comprar la casa al exmarido y tenían que currar más allá de los 65 para que les quedara pensión, que, por norma general, no iba a ser una pasada. La mujer boomer creció en democracia, vio cómo se aprobaban la ley del divorcio y la del aborto, se incorporó al mercado laboral y, aunque no fuera muy política, seguro que le llegaron ecos de la ola feminista de la Transición. Con todo, el patriarcado la atravesó y las decisiones que tomó *por los niños* la perseguirán hasta que muera.

Ser mujer es una estafa

La violencia económica todavía no está reconocida a nivel estatal en España, aunque sí aparece en algunas leyes autonómicas y en un convenio europeo, el de Estambul.

Pero todas sabemos, con mayor o menor precisión, de qué se trata: control del dinero y gastos de la mujer dentro del matrimonio, un factor que se puede agravar (y se agrava) tras la separación. A eso hay que sumar la brecha de género salarial: las baby boomers trabajaron, pero en sectores y con contratos con los que cobraban menos que sus maridos. Además, les tocó, porque no se cuestionaba, pillarse la excedencia o la reducción de jornada para cuidar a sus hijos y con total seguridad eran las encargadas de planchar y limpiar el baño en casa, cuando no de hacer absolutamente todas las tareas domésticas. Vamos, que además de currar el doble, ganaban menos dinero: una auténtica estafa.

Esto podría estar escrito en presente porque sigue pasando —las mujeres españolas ingresan una media de 5.000 euros al año menos que los hombres, se prestan al 93 % de las reducciones de jornada para cuidar a niños o a mayores y le dedican el doble de horas semanales a las labores del hogar que los hombres—, pero vamos a intentar centrarnos en las boomers, en cuyos tiempos muchas de estas cuestiones aún se daban por naturales, como por obra y gracia de Dios.

Beatriz Rosado es economista y doctora por la Universidad de Extremadura. Su especialidad es la sostenibilidad del sistema de pensiones —buen melón para el que aún quedan unas cuantas páginas—, pero a medida que lo ha ido estudiando se ha dado cuenta de que ahí la brecha de género es incluso peor. Las pensionistas cobran de media un 24 % menos que los hombres y una de cada cuatro mujeres percibe la pensión mínima, mientras que en hombres solo es uno de cada diez. Además, Rosado formó parte de un proyecto sobre la violencia económica de género y sabe qué pasa con las mujeres cuando se divorcian, que es exactamente la situación que yo no iba buscando pero que me encontré al llegar a Benidorm.

«Hay tres variables importantes: el control económico, la explotación económica y el sabotaje laboral. Cuando empezamos a estudiarlo, pensábamos que se daría solo en las clases sociales bajas, con trabajos más precarios, pero no: sucede en todas —dice—. Este tipo de violencia se produce, a veces, dentro del matrimonio; otras, empieza cuando se da la separación.» Violencia suena muy fuerte, pero bajado a tierra con ejemplos reales una ve que el control económico de la mujer es más habitual de lo que parece. La dueña de una tienda le contó a la economista que hay señoras que piden pagar una parte en efectivo y otra con tarjeta para que el marido no sepa exactamente cuánto se han gastado o piden que les quite las etiquetas del precio. Algunas mujeres a las que ha entrevistado le cuentan que si compran ropa la guardan y la van sacando poco a poco para que no parezca que han gastado mucho de golpe. Eso es control. Y tiene que ver con la cultura de las finanzas en pareja que existe en la generación del baby boom: el matrimonio en gananciales y la cuenta conjunta con ambos sueldos. La explotación sería el paso siguiente: el hombre gastando a lo grande o no cargando lo necesario en la cuenta para afrontar pagos comunes. El sabotaje laboral, que ya hemos comentado, el de *mejor dejas tú el tra-*

bajo o te reduces la jornada porque quién va a cuidar a los niños si no.

«Hay mujeres que llegan a los 65 años y no pueden jubilarse porque han cotizado con contratos inestables y a tiempo parcial para dedicarse al cuidado de sus hijos. Incluso hay algunas que no pueden aspirar a una promoción. Imagina a alguien que para mejorar profesionalmente necesita hacer una estancia en el extranjero o trabajar los fines de semana —dice Rosado— y que el marido le diga: "¿Dónde vas tú?". Eso repercute en la carrera de ella. No nos damos cuenta de que las decisiones que tomamos ahora tienen una repercusión bestial en el futuro.»

Hasta ahí la violencia económica —en su sentido más amplio— dentro del matrimonio. Aunque hay una segunda parte: sucede que cuando las mujeres dan el paso y se separan, con los hijos ya mayores, se desatan las bestias. Por ejemplo: que el hombre no pase la pensión o lo haga el último día y tenga a la mujer esperando a hacer pagos pendientes, que el niño tenga que ir a una excursión y él no pague la mitad que corresponde o que haya que comprarle medicinas y andar pidiendo el ticket para reclamárselo. Tras la separación, muchas mujeres se quedan en situación de vulnerabilidad económica porque han sido ellas las que han renunciado a un mejor sueldo, cuando no directamente a trabajar. La pensión no es para que *vivan mejor,* sino para que simplemente vivan (porque ganan menos) y saquen a los hijos adelante. Hasta hace muy poco la mayoría de custodias recaían en la madre, si bien la custodia compartida ha cogido fuerza en los últimos años y ya supone casi la mitad de las resoluciones tras una separación.

Sin marido y sin casa

La separación de Esther se produjo en dos tandas. La primera, la típica: le dijo a su exmarido que la decisión estaba tomada, pero él la convenció para quedarse. Sus hijos, que sabían lo mal que estaba ella porque la veían yendo al psiquiatra, se llevaron un buen disgusto cuando la vieron echarse atrás. Meses después, con el trámite ya en manos de un abogado, se produjo la separación definitiva: «Él se marchó unos días. Volvió y les dijo a los niños: "No sé si os ha contado vuestra madre que nuestra relación está mal, pero vamos a intentar recuperarla" —recuerda—. Mi hijo mayor saltó y dijo: "No te has enterado de nada". Y ahí se terminó. Su rencor es total, y ese ha sido el motivo por el que no hemos llegado a un acuerdo hasta ahora».

Una vez fuera de casa, su exmarido se desentendió de sus hijos, los gastos de la universidad y las hipotecas. Como no llegaron a ir a juicio, ningún juez dictó que tuviera que pagar. Esther no podía afrontar sola los gastos y un juzgado embargó las tres casas a nombre de ambos. Pero como todo eso lleva su tiempo —y, en realidad, uno puede seguir viviendo en una casa con orden de embargo hasta que no se ejecute—, permaneció en ellas, primero en la de Segovia y después en la de la playa. Si al final resolvieron las cosas, explica, es porque él recibió una herencia y necesitó sacarla a la luz. «Él no quería, porque sabía que, en cuanto el dinero aflorase, el juzgado se lo iba a quitar, pero sus hermanos le obligaron», cuenta. Con ese dinero se saldó parte de la deuda. A partir de ahí, Esther tuvo que reunir el dinero necesario para comprarle su parte. Vendió el piso de Segovia, más caro, y pidió un préstamo para lo que faltaba. Y como laboralmente las cosas allí no le iban del todo bien, tiró para Benidorm, donde encontró su trabajo actual de comercial.

Segundo matrimonio en Benidorm

El Benidorm de la gente normal es todo un viaje. Cualquiera diría que hay censadas más de 70.000 personas cuando hasta en pleno febrero lo único que se ve son turistas: turistas ingleses a patadas, bebiendo jarras de cerveza en los garitos, a cada cual más horterilla, desde las once de la mañana. Turistas ingleses viejos —los boomers anglosajones, que nacieron dos décadas antes que los españoles— montados en carritos eléctricos, solos o en pareja, patrullando las aceras como los humanos obesos de la peli *WALL-E*. Autobuses municipales saturados de guiris, mil y una de tiendas de objetos de playa y *souvenirs*. Y en Poniente, la zona del turismo español, grupos de jubilados del Imserso (los *viejos* en los que no se quieren convertir los boomers, porque ellos son gente activa, son séniors) haciendo taichí en la arena o cantando en coro canciones de Nino Bravo (escena real). ¿Dónde están los residentes? Pues trabajando en la hostelería o desestresándose en bares como Las Tablas, donde se arrean tres o cuatro tercios cada tarde después del curro y le echan euros y más euros a las tragaperras y máquinas de apuestas deportivas.

Benidorm es hijo del desarrollismo, como los boomers. Fue un alcalde ciertamente audaz, Pedro Zaragoza, el que planteó una ciudad de rascacielos para llenarla de turistas sin necesidad de comerse mucho suelo. Se cuenta que el señor Zaragoza cogió una caja de cerillas que estaba en horizontal y la puso en vertical para mostrar lo que tenía en mente. Y el caso es que funcionó y, además, su modelo urbanístico se ha empezado a reconocer como valioso en los últimos tiempos: es mucho más sostenible eso que alguna extensión gigantesca de adosados con piscina de las que hay por todo el litoral; pongamos, qué sé yo, la cercana Dénia o toda la Costa del Sol. Hay incluso un documental sobre la figura de Zaragoza, *El hombre que embotelló el sol*, donde se cuenta que viajó en vespa a Madrid para pedirle a Franco que permitiera a las turistas usar bikini en sus playas. Fue un visionario del turismo cuyo producto sigue hoy entre los más visitados del país, distinción que no es tontería en el segundo país con más turistas del mundo (nuestra Españita).

La mitad del turismo de Benidorm es guiri; la otra mitad, española de clase media-baja. Entre las acciones de marketing que diseñó Zaragoza estuvo la Operación Bilbao-Benidorm, alias Operación B-B, que consistió en invitar a 150 parejas de recién casados vizcaínos a pasar la luna de miel allí. Gracias a aquello —que sucedió en 1964, es decir, cuando se casaban los padres de los boomers—, se puso de moda en el País Vasco. Por eso, el centro tiene una calle tan llena de bares de *pintxos* que parece Bilbao y por eso muchos de los que compraron apartamentos como el de Esther son del norte. Aunque en su momento ese tipo de turismo masivo clasemediero de sol y playa fue denostado, Benidorm ha vuelto a coger color: tanto es así que desde hace unos años se celebra allí el Benidorm Fest, un festival en que se elige el representante patrio en Eurovisión, que continúa la estela del Festival Español de la Canción de Benidorm, popular en los sesenta y setenta.

Otro de los sitios en los que se junta la gente local es El Colombiano, una tabernita latina encajonada entre bares británicos con carteles de *food served all day*. Allí me espera un jueves Margarita, una conocida de Esther que no se ha divorciado una sino dos veces. Son las cuatro de la tarde, pero ella ya se ha pedido un copazo de vino blanco, de esos peleones que te sirven hasta arriba como si fuera un bidón. Viste botas altas, *leggings*, jersey y bolso de Calvin Klein; fuma y habla por teléfono antes de colgar y empezar a narrarme su historia.

Criada en el barrio del Pilar de Madrid, hija de padres extremeños que emigraron a la gran ciudad, Margarita estudió la diplomatura de Marketing Internacional y se casó a los 27, tras llevar cinco años con su novio. Fue un bodorrio con todas las letras, recuerda, celebrado en una finca con palacete a las afueras y pagado por sus suegros, que *manejaban*. Tanto manejaban que para sus primeros años de matrimonio les dejaron un piso «espectacular» en Chamartín, zona noble de la capital. El primer hijo llegó al año; poco después, se mudaron a Murcia, donde la familia de él tenía negocios que había que atender. Margarita dejó su trabajo en la empresa de mudanzas que tenía su padre y para allá que se fue: «En aquella época me importaba todo tres pimientos. Yo estaba enamorada y me daba igual —recuerda—. Yo con mi niño, mi marido y ya está».

Con perspectiva, reconoce que el enamoramiento la cegó. Él era un pieza: «Se iba de fiesta y volvía a las cinco de la mañana, se iba de viaje una semana con los amigos, no se ocupaba de los niños...», cuenta Margarita. A la vez, llegaron los malos tratos físicos: «La primera vez que me pegó fue cuando estaba embarazada del mayor. Pero el amor es ciego... Le perdonas y piensas que va a cambiar, pero no cambia. —He aquí un aviso a navegantes de las experimentadas—: Nunca pienses que alguien va a cambiar —me dirá Esther—. No, no, no, cien por cien no. Alguien es como es y se acabó. Yo siempre que hablo con mis hijos lo dejo clarísimo: "Por favor, no penséis que va a cambiar". Pensar lo contrario ha sido el mayor error de mi vida».

Como muchas otras boomers, Margarita jamás denunció. La violencia machista no empezó a abordarse como tal en España hasta 1997, cuando las boomers rondaban la treintena y una señora sexagenaria llamada Ana Orantes contó en Canal Sur que llevaba cuarenta años sufriendo malos tratos. Tres semanas después de su aparición televisiva, su exmarido la asesinó. Aquel fue un punto de inflexión, tanto mediático y social como jurídico. Hasta entonces, los asesinatos machistas se habían tratado como un suceso más. A partir de entonces, los Gobiernos fueron introduciendo cambios legislativos y, muy paulatinamente, la sociedad empezó a tomar consciencia, lo cual no significa que hoy no siga siendo uno de los problemas estructurales más graves de España. Desde 2003, cuando se empezaron a contabilizar oficialmente los feminicidios, 1.292 mujeres han sido asesinadas por sus parejas. Fruto de esa visibilización, eso sí, cada vez más mujeres se atreven a denunciar a sus maltratadores.

Tras años de violencia, el divorcio llegó por iniciativa de él. «Evidentemente, las escenas de maltrato no sucedían los trescientos sesenta y cinco días del año: piensas que son cosas puntuales, a veces te enfadas y a veces las dejas pasar», dice. Margarita supo entonces que él estaba con otra y su vida se hundió. Ni vivía en su ciudad ni tenía trabajo, porque habían *tirado* con dinero de él durante años, en una casa de su familia, así que terminó volviendo al piso de sus padres de Madrid con los tres niños, dependiendo de su ayuda económica. En un viaje con ligera energía de divorciada conoció al que sería su segundo marido, un administrador de fincas de Benidorm. Se fue a vivir con él; la cosa también terminó mal, aunque esta vez no hubo malos tratos ni niños de por medio. «Básicamente —ríe—, a los dos meses él estaba con una rusa.» Desde entonces, vive de alquiler y un poco como puede, resolviendo juicios pendientes con ambos exmaridos, enganchando trabajos aquí y allá, intentando ahorrar algo para la jubilación... Y saliendo a tomar vino por las tardes en las tabernas encajonadas entre los rascacielos de Benidorm.

Libre, por fin, libre

Como la de Margarita, la historia de Celia está atravesada por los malos tratos físicos. Su exmarido, novio de toda la vida y con el que se casó sin ganas porque era *lo que tocaba*, se quedó sin trabajo y empezó a beber. «Por las noches llegaba muy borracho, no se tenía en pie. Tenía un comportamiento que no quería que vieran mis hijos. En 1995, le dije que me quería divorciar y me fui con los niños, pero que si se metía en Alcohólicos Anónimos y se curaba, yo volvería. Empezó a ir y durante un tiempo estuvo bien —cuenta—. Como en el vecindario ya habían oído gritos y peleas, me daba vergüenza salir a la calle. Mi madre, además, vivía aquí, así que dije: "¿Por qué no buscamos un terreno?". Y fue cuando encontramos este y vendimos el piso de San Blas.»

El San Blas que menciona Celia es el de Alicante, un barrio de origen obrero —se creó para que vivieran trabajadores ferroviarios— que acogió a inmigrantes manchegos en la década de los sesenta. Y el terreno en el que hablamos está en Tangel, una pedanía cercana. Celia todavía estaba con su exmarido cuando sacó varios millones de pesetas del primer piso (lo compraron por 3 millones de pesetas, 18.000 euros, y lo vendieron en el año 2000 por 14 millones de pesetas, 84.000 euros). Junto al ahorro que habían acumulado adquirieron una casa con jardín: «Los dos sueldos daban para ahorrar». Poco a poco la fue arreglando, haciendo la piscina, plantando árboles y plantas y dejándola preciosa, como un auténtico vergel. Pese a todo, y porque la gente no cambia, él volvió a las andadas. Y volvieron las peleas, hasta que al final un día su hermana llamó a la policía, se lo llevaron, le pusieron una orden de alejamiento y hasta hoy. A nivel económico, Celia, con plaza fija como auxiliar de enfermería en un hospital público de Alicante, tuvo que hipotecarse para comprar la mitad de la casa, opción más preferible a irse de alquiler. Cuando, tres años después de la última pelea, firmó su hipoteca y dio carpetazo al divorcio, lloró de la emoción: «Yo sola, con mi casa, mía. Es verdad que todavía estoy pagándola, pero era libre. La palabra es *libre*», dice emocionada. Y entonces fue cuando se desató su energía de divorciada.

Aunque España tuvo una ley del divorcio en la Segunda República, poco duró la alegría porque llegó el franquismo y la derogó. No fue hasta 1981 cuando se aprobó de nuevo, así que las boomers que se casaron en esa década —cuando eran veinteañeras— ya pudieron acogerse a dicha ley. El número de separaciones y divorcios fue en aumento hasta 2005, cuando el Gobierno de José Luis Rodríguez Zapatero introdujo el divorcio exprés y eliminó la obligación de separarse antes de divorciarse del todo. En 2006, se alcanzó el pico de rupturas y, desde entonces, lentamente, ha ido descendiendo. Primero, por la crisis económica; después, porque cada vez se forman menos matrimonios. Considerando que la gente se divorcia en sus cuarenta, según los datos del INE, y que los años con mayor tasa de divorcios fueron precisamente cuando los protagonistas de este libro tenían esa edad…, podríamos decir que divorciarse es un proceso muy boomer. Quizá por eso las divorciadas a las que entrevisté se juntaban entre ellas para salir a pasarlo pipa. Así me lo contó Celia, recuperando la sonrisa y siendo la más dicharachera después de haber llorado al recordar los malos tratos de su exmarido.

«Mira, es que coincidió que cuatro amigas del trabajo nos separamos. Nos quedamos solteras a la vez. Teníamos buen rollito entre nosotras y empezamos a salir. ¡Hacíamos de todo! Pasamos unos años que nos hemos reído lo que no te puedes imaginar. Teníamos 44 años y nos íbamos a bailar, nos salían pretendientes… De vez en cuando se nos acercaba uno y qué risa. ¡Porque nosotras no íbamos a buscar! Lo que menos buscábamos era pareja, porque salíamos escaldadas de los matrimonios. No queríamos ningún hombre en nuestra vida. Viajábamos a Madrid, paseábamos por El Retiro y, si alguna ligaba, nos lo contábamos al día siguiente. Esas cosas. Nos lo hemos pasado pipa, pero pipa.»

9
TODOS SOMOS CLASE MEDIA

Dice mi amiga Marta que Albacete, su ciudad natal, es Normalandia. Cuando le conté que estaba buscando a una familia boomer española extremadamente normal —con su matrimonio longevo, niñas o niños colocados y pisito pagado—, me aseguró que podía conseguirla, que en Albacete es un perfil que se estila como el que más. «¿Una vida ordenada de clase media, con sus valores conservadores y que haya puesto mucho empeño en la educación de sus hijos? —preguntó—. Creo que tengo lo que necesitas.» Y así fue como un viernes festivo en Madrid, el del puente de Primero de Mayo, cogí un Alsa, hice tres horas de viaje y me planté de visita.

Fue Marta quien me presentó a María José y Manolo, quienes, muy amablemente, me abrieron las puertas de su casa para contarme su historia, relatada en el capítulo anterior sobre la familia. Antes de eso, me llevó por las calles del centro, por la feria y sus tascas, donde las tapas *must* son el casco (media patata cocida con una bola gigante de alioli encima) y la guarra (una chistorra frita que no pica típica de allí). Paseábamos por el parque mientras me contaba cómo fue crecer en la absoluta normalidad de allí. Ah, y fuimos de tardeo, una experiencia que consistió en empezar a beber a las dos del mediodía, estar de discotecas a las cuatro de la tarde y continuar entre terrazas y fiesta hasta las tres de la madrugada (y porque el cuerpo no nos dio para quedarnos hasta las seis). En Albacete se inventó el tardeo, ese que luego se ha generalizado tanto entre los boomers, porque les viene fenomenal pimplarse unas cuantas copas de balón y echarse unos bailes antes de ir a casa a cenar. Es más: el tardeo es innato en Albacete. No es que haya *sesiones de tardeo* como las que se han exportado a otras ciudades de España, sino que allí salir consiste en eso. Así que, aunque Albacete no sea Boomerlandia en un sentido estricto —al ser capital de provincia, no está tan envejecida—, sí tiene elementos que la sitúan en ese ideal, como el *vibe* clasemediero y las fiestas boomers primigenias (de eso sí que no puede presumir ninguna otra urbe española), que la hacen encajar.

En el mundo de la mercadotecnia se utiliza desde hace tiempo a Zaragoza, que no a Albacete, como la ciudad más *normal* de España. De todas las grandes ciudades —Madrid, Barcelona, Valencia, Sevilla, Málaga y Zaragoza—, es la más igualitaria, razón por la cual decenas de marcas acuden a ella para estudiar y testar nuevos productos: si funcionan en Zaragoza, funcionarán en el resto del país. La desigualdad entre los habitantes de las ciudades disminuye a medida que disminuye su tamaño. Córdoba, Logroño, Valladolid, Vitoria y Teruel tienen en común ser capitales de provincia igualitarias, a diferencia de otras como Madrid, Barcelona, Alicante, Granada o Ciudad Real. Dentro de estos *rankings* —elaborados con datos del Atlas de Distribución de la Renta de los Hogares por los economistas Carmen Herrero y Carlos Albert del Instituto Valenciano de Investigaciones Económicas—, Albacete aparece en el punto medio: es un poco más desigual que otras de su tamaño como Valladolid, Pamplona o Burgos, pero menos que Badajoz, Santander, Castellón u Oviedo. Tiene su centro, con tiendas y bares, edificios setenteros de ladrillo oscuro y piscina en el interior y, en las afueras, esas urbanizaciones de chalets: el *sprawl*. En esta ciudad ni hay muchos ricos ni tampoco muchos pobres, apenas hay inmigración extranjera y, si ordenas todas las capitales de provincia por su renta neta media por hogar, aparece justo en el medio de la tabla, en ese lugar donde mentalmente se ubica siempre la mayoría de la gente: en la clase media.

Cuando planteé la estructura de este libro, varias personas me preguntaron cómo abordaría el tema de la clase. Pero, como la idea era retratar a una generación que, solo por su edad, ya constituye una clase en sí misma —los mayores son el grupo de edad más rico de España—, me parecía que era cruzar conceptos. Claro que entre los boomers los hay más ricos y más pobres, como entre los jóvenes, pero también como existe desigualdad entre españoles y migrantes, incluso entre los propios migrantes según de qué país vengan (el *expat* versus el rico latinoamericano versus el latinoamericano que termina repartiendo pedidos de Glovo). Otra desigualdad: la territorial. La pensión de jubilación media en el País Vasco, de 1.831 euros, es casi 600 euros superior a la de Extremadura. Y lo mismo pasa con los salarios. Desigualdades hay muchas y, para el caso de los boomers, me interesaba una: la generacional. Bueno, dos: también la de género, porque una de las grandes brechas dentro de la propia generación es la que se da entre hombres y mujeres.

¿Qué hay de la clase, entonces? Los boomers representados hasta ahora, casi todos casados —es decir, con dos sueldos en la estructura familiar—, con hijos, trabajo y vivienda en propiedad, encajan en lo que uno se imagina por clase media. «Antes de los setenta, España era otro universo. A partir de entonces, cuando los encuestadores preguntan, todo el mundo se considera clase media —reflexiona la socióloga y politóloga Cristina Monge, cuya tesis doctoral versó sobre el cambio que supuso el 15M—. A veces pregunto en clase cuántos alumnos se consideran clase alta, media-alta, media-media y media-baja. El 80 % dice ser clase media-media y solo unos pocos se ubican en la media-baja, y tengo claro que, si miro sus declaraciones de la renta, hay grandes diferencias entre ellos. Pero la media es el lugar al que todo el mundo quiere pertenecer.»

¿Cuánto hace falta ganar para ser clase media?

En términos exclusivamente materiales, de renta y riqueza —de panoja, hablando en plata—, para ser clase media en España hay que ganar entre 1.155 y 2.709 euros netos al mes, según la definición de la OCDE. Un dato que voló la cabeza a muchísima gente cuando se publicó es que basta con ganar más de 20.500 euros brutos anuales para estar en la mitad que más cobra, y que con un salario superior a los 44.000 euros anuales pasas a formar parte del 10 % más rico de España. La genial idea de visualizarlo y ponerlo negro sobre blanco fue de Kiko Llaneras, periodista de datos en *El País*. El comentario general fue que somos un país *de pobres*, que menuda broma es esta de que con 20.500 euros brutos al año ya estés entre los más ricos. Por hogares, cuya renta media se calcula sumando todos los ingresos y ajustando por el número de miembros, niños incluidos, basta con meter más de 57.500 euros anuales en casa para pertenecer al 1 % más rico de la población. El patrimonio (vivienda, terrenos, depósitos e inversiones) nos hace aún más desiguales: un 20 % de la población no tiene nada; al 1 % se accede con más de un millón y medio. Tener 75.000 euros te coloca en la media. Si tienes una vivienda pagada que valga más que eso, ya estás en la mitad más rica de España. Llaneras concluyó su artículo explicando que «demasiada gente piensa que tiene una renta media». Los pobres prefieren evitar pensar que lo son porque es una etiqueta que estigmatiza; los ricos ejecutan el mismo mecanismo mental para no plantearse si deberían ser más generosos. En cualquier caso, y como apuntaba Monge, la media es el lugar en el que uno quiere estar.

Pero la clase media no es solo el dinero que entra a la cuenta corriente a fin de mes, ni siquiera la riqueza acumulada. Aunque para explorar la brecha entre boomers y millennials he incidido mucho en las diferencias materiales, hay todo un conjunto de símbolos sobre lo que significó ser clase media durante la *transición a la edad adulta* de unos y otros. La clase media es subjetiva. Y lo más interesante, a mi parecer, es cómo ha cambiado con los años —especialmente tras la bomba de relojería que supuso la crisis inmobiliaria— esa subjetividad.

En busca de la clase más media de España

Igual que yo fui a Albacete en busca de una familia típica de clase media, la antropóloga Inés Gutiérrez Cueli se adentró en el PAU de Carabanchel en busca de un «auténtico vecindario de clase media». Igual, igual no: yo estuve cuarenta y ocho horas, de las cuales doce o trece las pasé de tardeo, y ella vivió allí durante dos años, entre 2017 y 2019, para hacer un trabajo de campo académico mucho más profundo. Por eso, cuando me puse a intentar entender este asunto fue la primera persona a la que llamé y, por eso, durante los meses de escritura he acudido en incontables ocasiones a su tesis doctoral, *Venir de barrio. Estrategias familiares, espacio y clase en los*

PAU de Madrid. Gutiérrez es de Cantabria, pero vive en Barcelona. Allí nos vimos una tarde de enero.

Contexto: los PAU, o Programas de Actuación Urbanística madrileños, son los ensanches que se construyeron entre finales de los años noventa y la primera década de los dos mil en las periferias de la ciudad. Están formados por urbanizaciones cerradas con piscina y pádel —en el mejor de los casos— entre las que discurren avenidas muy anchas, de varios carriles, preparadas para que fluya el tráfico de coches. Apenas disponen de tiendas de proximidad, pero, en lugar de ellas, cuentan con centros comerciales gigantescos. Hay barrios urbanísticamente similares en muchas ciudades españolas. La sociología de los PAU y del urbanismo disperso fue explorada en *La España de las piscinas*, de Jorge Dioni, un libro que se convirtió en un fenómeno editorial. Su tesis es que dicha forma de hacer ciudad provocó un giro individualista y neoliberal en las familias españolas, que con eso de tener piscina propia se creían algo que no eran y pertenecían, en realidad, a la llamada *clase media aspiracional*.

«¿Qué es la clase media? Esa es la gran pregunta —comienza la antropóloga—. Si salimos de la cuestión estrictamente económica y entramos en el repertorio de las aspiraciones, la clase media es algo tan elástico que casi toda la sociedad española se considera clase media, incluso en los momentos de crisis. Ese es el gran triunfo del desarrollismo: haber creado un imaginario tan amplio y laxo que todo el mundo puede considerarse clase media porque nadie quiere ser clase obrera. Es muy difícil nombrarse así. Hay un momento en el que la clase trabajadora deja de ser un lugar de pertenencia atractivo, honrado, positivo. Las fábulas del progreso y la modernidad funcionan. Por eso pasan cosas como que gente que se considera a sí misma de clase media luego te dice: "Si tengo una boda, me peino en casa porque no estoy para gastar".»

Según los últimos datos del Centro de Investigaciones Sociológicas (CIS), de 2023, el 74 % de los españoles se considera clase media. Gutiérrez cita al historiador Alfonso Ortí, que explica que durante la etapa final del franquismo se consumó una «socialdemocratización material», es decir, la integración ideológica de las capas obreras y populares en la sociedad de consumo. Se trataba de construir una clase «tan socialmente heterogénea como simbólicamente homogeneizante: los estratos superiores de la sociedad unidos a través de una misma categoría con grupos de clase trabajadora que, a su vez, emprenden una lucha por diferenciarse y escapar de las condiciones de vida de la clase obrera».

Al Estado le interesa que la gente se considere clase media para que cale en ella un imaginario de progreso, convivencia, igualdad de oportunidades y movilidad ascendente que refuerce la estabilidad institucional (recuerda: el acceso a la educación y el esfuerzo sustentan estos ideales). «La expansión de las clases medias puede entenderse como un proyecto de estabilización sociopolítico —advierte— que tiende a convertirlas en el lugar de objetivación del consenso, aglutinándolas en torno a unos valores cívicos comunes y encubriendo sistemáticamente las desigualdades y el conflicto social.» Bajo el mantra de la integración de clases no se superan las desigualdades, sino todo lo contrario: negarlas universaliza la desigualdad.

Cuando Gutiérrez llegó al PAU de Carabanchel —construido al inicio de los dos mil allá donde Cristo perdió el mechero, al sur del barrio, lindando con la autopista M-40 y con el término municipal de Leganés—, le sucedieron dos cosas. La primera, que se aburrió como una ostra. Durante los primeros meses nadie le hacía ni caso. Más allá del guardia de seguridad de la *urba* en la que vivía de alquiler, compartiendo piso con un chico de 37 años separado que alquilaba dos habitaciones, le costaba entablar relaciones con los vecinos. Gutiérrez se tiró varios meses paseando por aquellas calles anchas e inhóspitas sin apenas hablar con nadie, anotando detalles como los nombres de las vías o los descampados y el ruido de cigarras que percibía desde la ventana de su habitación. «El culo del mundo», escribió. Tantísimo se aburrió que tituló a su diario *Tristes PAU*.

Con el paso de los meses, la antropóloga entendió que la vida en esos nuevos barrios se hacía dentro de las urbanizaciones: en las clases de pilates a las que iban las mujeres —porque los hombres eran más de salir a correr— y, durante el verano, en las piscinas. Las madres podían *soltar* a los niños en el interior del complejo y despreocuparse, entre comillas, porque en el fondo siempre tenían un ojo pendiente por si les sucedía algo. Entrar en la vida de la *urba* a través de la piscina le permitió afinar las conclusiones de su investigación.

Por un lado, examinó el papel del género y cómo el diseño de los espacios aumentaba la carga de las mujeres. «Hay un doble filo. Cuando hablaba con ellas me decían: "La urbanización es supercómoda porque puedo dejar a los niños y seguir haciendo mis cosas, echarme una siesta o cocinar". Pero sigues en el espacio doméstico haciendo cuidado de retaguardia. Lo que encontramos en estos barrios es una continuidad de lo patriarcal, pero con ciertas reacomodaciones —me explicó en la primera entrevista que le hice sobre su tesis—. Si decides apuntarte a yoga en el centro de Madrid, tendrás que hacerlo cuando tus hijos estén en otra actividad o a cargo de otra persona. En el PAU, los niños pueden estar jugando en la pista de fuera. Alguna vez, estando en pilates, llamaban niños preguntando por su madre. Las paredes domésticas se amplían. Que se permita esta simultaneidad es perverso para las mujeres.»

Por otro lado, y por mucho que lo intentara, pronto cayó en la cuenta de que la clase media que buscaba no existía como tal. Los habitantes del PAU de Carabanchel tenían cuarenta y pocos años cuando ella vivió allí: eran boomers nacidos en los setenta, que no son exactamente el perfil que hemos tratado hasta ahora pero cuyos orígenes coinciden con los que sí. «Son la primera generación que nace en Madrid procedente de emigrantes rurales. Es gente trabajadora, obrera, que nace en las periferias. Sus padres son trabajadores de la industria; sus madres, costureras o amas de casa. Este es su lugar de clase —dice Gutiérrez—. Durante su veintena, cuando algunos ni siquiera se habían incorporado al mercado laboral, empiezan a construirse urbanizaciones colindantes a sus barrios. Y en ellos no primaba la idea de *me voy a la urbanización*, pero era el único producto inmobiliario que había. Para iniciar tu vida adulta, necesitas una vivienda —en aquel momento era incuestionable que debía ser nueva— y los nuevos barrios se la ofrecían, porque en los suyos no había hueco. Mudarse generaba ilusión, claro, pero no suponía romper con el lugar de origen. Les encantaba el ambiente de barrio, pero a la vez valoraban mucho la tranquilidad del PAU.»

En las anotaciones de su cuaderno, Gutiérrez se encontraba a sí misma describiendo a los habitantes como 'de clase trabajadora' o 'de barrio', que era precisamente lo que no creía que fuera a encontrar. «Hubo un momento en el que me di cuenta de que no había que despejar esa nube de polvo para llegar a una identidad verdadera —relata—. Estas personas no eran más de un lado (de clase media) que del otro (de barrio). La identidad puede ser cruzada y contradictoria.»

La ilusión de un nuevo hogar

Las urbanizaciones del PAU de Carabanchel se publicitaban con nombres neutrales —Residencial Athenea, Residencial Buenavista, Residencial Las Terrazas...— no muy distintos a los que se usaron en otras ciudades españolas y con características orientadas a la formación de nuevas familias y a la tranquilidad. En los folletos comerciales se usaban imágenes de un padre y una madre sonrientes con un niño y una niña rubios (la parejita), se destacaban las zonas infantiles y se incidía en que esas viviendas a estrenar eran «la mejor opción para construir un futuro». La ilusión de los boomers jóvenes que se mudaban a ellas era la misma que tenían los boomers nacidos en los sesenta cuando aterrizaron en los primeros *sprawls.* Los pisos nuevos, en zonas *tranquilas*, con servicios privados y construidos con las mejores calidades (tarima alemana, grifería de alta gama, libre elección de alicatados, duchas con hidromasaje, cocinas con isla o barra americana...) eran el punto de partida para tener familia y construir patrimonio, porque ya sabemos que en España la familia y la vivienda propia funcionan como pilares del estado de bienestar.

En este sentido, los boomers daban un salto con respecto a sus padres. Al haber nacido en los setenta, fueron seguramente en mayor proporción a la universidad. Y se compraron viviendas nuevas con, ojo, comodidades como la piscina, el pádel, la sala de pilates, el garaje y la seguridad privada. Sus padres llegaron a la ciudad en furgoneta desde el pueblo porque algún paisano les ofreció trabajo en la fábrica, compartieron piso con más familias o directamente levantaron casitas con sus manos. Y ya con el tiempo accedieron a pisos que, como mucho, tendrían ascensor. Los nuevos habitantes del PAU, dice la antropóloga, «tenían la idea de haber mejorado. Pero cuando ubicas a cada uno en su contexto, la posición de clase es la misma: son clase trabajadora. Lo que pasa es que en la época de sus padres significaba una cosa y en la suya otra».

«Una España que ya no existe»

En algún momento de 2024, se viralizó en X el comienzo del primer capítulo de *Médico de familia*, una exitosa serie emitida entre 1995 y 1999. El protagonista, Nacho Martín (interpretado por Emilio Aragón), era un médico de entre 35 y 40 años —es decir, un boomer— que se había quedado viudo y se mudaba a una casa en las afueras. Con él se llevaba a sus tres hijos, Chechu, María y Anita, y a su padre, Manolo. «Bueno, familia: ¡este es nuestro nuevo hogar!», exclamaba al llegar en el coche, aún con varias cajas de la mudanza. «Qué barbaridad, hijo —respondía el padre, un señor de sesenta y tantos—. Menuda diferencia.»

La casa a la que se mudaba la familia Martín era un adosado grande, con buhardilla y jardín. El mensaje que hizo viral el vídeo —«Así comenzaba el primer episodio de *Médico de familia* en 1995. Saquen ustedes sus propias conclusiones... Una España que ya no existe»— estaba anclado en la nostalgia de un pasado que ni siquiera tuvo lugar. El adosado en el que se grabó *Médico de familia* está en el distinguido barrio madrileño de Conde Orgaz, no en las afueras. Tiene 324 metros cuadrados y, según cálculos que se hicieron en el artículo «¿Cuánto cuesta la casa de *Médico de familia*?» de *El Confidencial*, era imposible que un médico de familia de la época pudiera costearlo con su sueldo. Algunos comentarios en la red social recordaban que la España de los noventa se parecía más a la película de Manolito Gafotas —que retrata a una familia de Carabanchel de padre camionero y madre ama de casa con dificultades para llenar la nevera— que a la realidad adinerada que dibujó *Médico de familia.*

Pero *Médico de familia* era *aspiracional.* Es más: en la serie, la clase trabajadora estaba representada a través de La Juani, la asistenta doméstica de la familia Martín, y El Poli, su novio obrero. Una de las lecturas más repetidas *a posteriori* sobre su éxito es que incluyera personajes de distintas edades (el abuelo y el niño) y clases sociales (acomodadas y obreras). Otra interpretación curiosa es la que hace Daniel Bernabé, escritor y creador del concepto «clase media aspiracional», que en su libro *La trampa de la diversidad* sugiere que *Médico de familia* anticipó «la España que venía»: la que dio la victoria en el año 1996 al Partido Popular de José María Aznar, la que *fue bien* (en realidad, no tanto) durante una década gloriosa.

«Bernabé nos la coló a todos con lo de clase media aspiracional —ríe Gutiérrez—. Los boomers son una generación muy importante en la historia española porque hay muchas esperanzas depositadas en su trayectoria. Después del franquismo, el PSOE construyó la idea de un país de sociedad de consumo. Y la nueva España floreció en torno al mercado inmobiliario, al consumo y al endeudamiento, pero la división de clases no la ha inventado el PSOE. Quien está más abajo siempre intenta emular las formas de quien está más arriba. Es la dinámica de las clases y la desigualdad: cuando al de abajo le llega el agua caliente, el de arriba ya tiene *jacuzzi.* Aspiracional es el deseo de vivir mejor de cualquier persona. ¿Por qué iba a ser solo aspiracional lo del medio?»

La familia posboomer

La «España que ya no existe» de *Médico de familia*, es decir, la representación de una familia joven llegando a su nueva casa en las afueras de la sucia, ruidosa e intranquila ciudad, volvió a la vida en 2023. Pero si en 1995 todo parecía alegría ante un nuevo proyecto, casi treinta años después se escenificaba con desidia, con apatía, con un vídeo que directamente quitaba las ganas de vivir. Es de los cómicos de Pantomima Full —a quienes ya he citado porque tienen varios *sketches* en la misma línea, haciendo mofa de la vida de urbanización— y se titula *Conformista*. Muestra a una pareja de treintañeros en chándal que lleva ocho años juntos y se ha comprado «un piso que cuadraba de precio» en uno de esos PAU, que en verano va de vacaciones a Santa Pola, que no cambia de trabajo porque «igual es peor» y que está «en ello» con lo de tener hijos porque «es lo que toca». Muestra una vida aburrida y desganada con la que, por algún motivo, se identificaron miles de españoles: «Tan real que duele», escribió uno de tantos comentaristas en YouTube.

¿Qué narices ha pasado? ¿Cómo es posible que hace treinta años lo *aspiracional* fuera mudarse a un sitio tranquilo, con tus niños y tu trabajo estable y que ahora eso se perciba como el más puro aburrimiento, como algo tan indeseable que llega a escocer? Cierto es que *Médico de familia* nos enseñaba la vida de alguien con un puesto acomodado —un médico— y que en el vídeo de Pantomima Full el elemento trabajo parece menos lustroso, aunque no necesariamente inestable: la mujer dice «estar hasta el coño», pero al mismo tiempo no quiere cambiar. Sus autores fueron acusados de clasistas por dibujar con tal bajona la vida de la clase trabajadora, y eso que grabaron el vídeo en Las Tablas, que de todos los PAU de Madrid es uno de los más adinerados. «La vida puede ser un coñazo, pero igual en Santa Pola que en Tailandia», se defendieron en una entrevista publicada al respecto.

Es como si fuera una cuestión de contexto: los boomers sentían una mejora de estatus cuando se iban a un pisito nuevo a las afueras a tener hijos; los millennials, cuando pueden permitirse un piso en el centro o aledaños que les permita ir andando al trabajo y cuando pueden salir a cenar varias veces al mes o viajar al extranjero: un ocio cuyos padres *sacrificaban* porque los tenían que criar.

«Hace treinta años la clase trabajadora significaba una cosa. Ahora significa otra —dice Gutiérrez—. Un millennial ha ido a la universidad, quizá tenga un trabajo y seguramente no duerma en la calle, pero eso ya no es una garantía de empleo estable ni de vida holgada ni de jubilación digna.»

10
LOS PREJUBILADOS DE ORO

En un momento dado, desde el inicio de los dos mil hasta poco después de la crisis, los *mayores* empezaron a sobrar. Y eso que ellos lo último que se consideraban era viejos: algunos no tenían ni 55 años, estaban casi en la cumbre de su carrera profesional. «Hubo un ERE gordo de 15.000 personas y luego otro de 7.000. Tú ve sumando. En los años dos mil, la plantilla ya se había reducido a la mitad. Siguieron haciendo EREs pactados con los sindicatos, pero fueron bajando la edad: a 56, luego a 55… Y, claro, la gente ya empezó a poner pegas. ¿Por qué? Pues no por un tema económico, sino existencial. Es decir, "¿qué hago yo ahora con 55 años? ¡Que me conozco la empresa como el comer ¿y me mandas a la calle?!". Era voluntario: si no querías acogerte, seguías en tu sitio, pero si formabas parte de la estructura, tenías un cargo y cobrabas un suplemento, te decían: "Pues a lo mejor te quito el cargo". Era un poquito obligatorio, te hacían un poquito de chantaje.»

Andrés, que acaba de cumplir 65 años y de jubilarse de forma oficial, recuerda aquellos tiempos con desgana. La salida de Telefónica —la empresa en la que, como buen boomer, trabajó toda su vida— le pilló con 56 años. «Pasé un tiempo regulín... —reconoce—, hasta que te vas acostumbrando. Sales pensando que vas a hacer mucho, pero no haces tanto. Te apuntas a algún cursillo, sales a andar... Yo no he hecho gran cosa en estos años.» Lola, su mujer, asiente paciente, sentada a su lado en el sofá: sí, lo pasó mal, pero también es verdad que han podido viajar y que además tienen un apartamento en la playa, comprado en los locos años burbujeros, al que van algunas temporadas huyendo del agobio que es Madrid, de donde son ambos.

Andrés y Lola viven en un distrito humilde, en Puente de Vallecas, pero no les va nada mal. Después de nueve años cobrando el 70 % de su sueldo sin trabajar y manteniendo ciertos privilegios, como el seguro médico, Andrés se ha jubilado con la pensión máxima (recordemos: 3.267,60 euros brutos en catorce pagas). Las casas están pagadas; los hijos, colocados. Como sucedió en muchos matrimonios, Lola dejó de trabajar durante un tiempo para dedicarse a los cuidados. Se retiró definitivamente a los 50 y ahora resulta que no tiene suficientes años cotizados para cobrar pensión: «He sido más veleta que él, no miraba al futuro. Pensaba: "Hasta que llegue..."», se lamenta. Tiene que mirar si le corresponde una pensión no contributiva, las que se conceden a quienes no han cotizado el tiempo necesario, pero tampoco parece correrle prisa porque con los ingresos de él ya tiran. En el fondo, reconocen, a medida que te haces mayor, gastas menos: no sales todos los fines de semana, como los jóvenes, que encima están todo el día viajando y comprando aguacates a precio de oro.

«A lo mejor vas a cenar, te tomas una copa y se acabó. Y si vas a la playa es gratis, porque es tu casa», dice Andrés. Quién pillara esas vacaciones gratuitas, pienso, estando los hoteles y apartamentos al precio desorbitado al que están... «Aquí se junta la gente que se lo ha currado, que se ha esforzado y ha cotizado como Dios manda, con gente que no lo ha hecho. Yo tengo muchos amigos que son autónomos, han cotizado lo mínimo y ahora les quedan 800 euros. Y dicen: "Joder, es que no hay derecho". Pues no, compañero, es lo que has cotizado. A ti te dan en función de eso.»

Acabar con los salarios del pasado

Andrés es uno de los más de 48.000 trabajadores que salieron de Telefónica a través de un expediente de regulación de empleo o de un plan incentivado de jubilación desde 1999, según los datos recogidos por el periodista José Rosado en *El Debate*. Casi nada: es dar una patada y que te salgan dos o tres. ¿Quién no conoce a su propio prejubilado de Telefónica o, en su defecto, de la banca, de las grandes energéticas o de El Corte Inglés? A partir de principios de siglo, las grandes empresas quisieron quitarse de en medio a los *viejos* y sus salarios de otra época para reducir costes.

Entre 2009 y 2019, se jubilaron anticipadamente en España alrededor de 1,3 millones de personas, el 40 % de los nuevos pensionistas. En los últimos años, se han tomado medidas para moderar estas cifras por sus implicaciones sobre el sistema: al final, las jubilaciones anticipadas suponen que haya menos gente cotizando y más gente cobrando pensión y no están las cuentas como para tirar cohetes. Pero durante mucho tiempo fueron un instrumento popular para adelgazar las plantillas. Así —y como ya sucedió durante la reconversión con los cierres de la minería y las industrias del metal—, las grandes empresas terminaron creando una clase de prejubilados de oro. De prejubilados en masculino, por cierto, pues una vez más las mujeres salen perdiendo: por cada siete hombres que se jubilan de forma anticipada lo hacen solo tres mujeres, de acuerdo a los datos que maneja la Seguridad Social.

Telefónica llegó a emplear a más de 74.000 personas a principios de los noventa. Su historia es relevante porque a través de ella puede contarse una parte de la vida de los boomers, además de ciertos acontecimientos importantes de la historia reciente de España y de cómo ha cambiado la película para las generaciones que han venido después. Hasta en los despidos —dolorosos por ser despidos y porque dejaron a más de un afectado con crisis existencial, ese *y yo qué hago ahora con mi vida*—, los boomers han tenido condiciones objetivamente mejores que los trabajadores más jóvenes, ya sea a través de prejubilaciones o por el simple hecho de que, hasta 2012, la indemnización por despido improcedente era de 45 días por año trabajado, y no de los 33 actuales.

Para el sociólogo Pau Miret, muchos de los problemas que la juventud enfrenta ahora —empezar cobrando una miseria, tardar en encontrar un sitio en lo profesional, no poder independizarse hasta los 30 y dejar lo de tener hijos para cada vez más adelante— empezaron a gestarse en los ochenta, durante la juventud de los boomers. «Es cierto que entre 1997 y 2008 hubo una especie de década prodigiosa y mucha gente aprovechó para cumplir sueños familiares, como comprarse la casa y el resto del *pack* —dice—. Pero en cuanto se acabaron esos años, el proceso se detuvo. Muchas de las cosas que vemos ahora vienen de ahí.»

Privatizar a toda pastilla

A diferencia de Lola, que salió un poco rebelde, se negó a estudiar y entró a trabajar con quince años obligada por sus padres a modo de escarmiento, Andrés hizo una carrera: Telecomunicaciones en la Universidad Laboral de Alcalá de Henares, un centro construido en el franquismo y que pertenecía al Ministerio del Trabajo. Mientras estudiaba, se presentó a la oposición de Telefónica junto a miles de personas más. «Había gente de todo tipo y edad. Hablamos de los ochenta. Tú llegabas allí con 21 años y había incluso calvos. Fue un auténtico boom —cuenta—. Aprobé, hice seis meses de curso, el período de prueba y me fui a Soria, porque elegías destino en función de la nota. La gran mayoría de la gente se iba al País Vasco y a Cataluña, donde había más plazas.»

Tras cinco años en Soria, Andrés estuvo en Zaragoza y después recaló en Madrid.

Hacía falta mucha, mucha mano de obra para transformar digitalmente a aquel mastodonte y desplegar la fibra óptica. En 1987, Telefónica se convirtió en la primera empresa española en cotizar en Wall Street. Por aquel entonces aún pertenecía al Estado, situación que se revirtió pocos años después: primero con el Gobierno de Felipe González, que inició el camino de la privatización vendiendo un porcentaje de las acciones, y, después, con el de José María Aznar, que lo culminó.

Los noventa fueron años de revolución tecnológica: empezó a haber móviles e internet en las casas. ¿Quién no recuerda llegar del colegio y conectarse al Messenger con el módem pitando y el teléfono fijo sin poder utilizarse? Más allá de las telecomunicaciones, los avances lo invadieron todo. «El fabricante español de trenes Talgo invirtió más de 5.000 millones de pesetas en un prototipo de tren de alta velocidad cuando el transporte ferroviario estaba casi olvidado —escribe el periodista Mariano Guindal en *El declive de los dioses*, un libro sobre la Transición económica española—. Lo mismo pasó con la siderurgia, los aviones, los automóviles y la medicina. Aquello era una locura: cuando apenas habíamos aprendido a manejar una máquina, ya se había quedado vieja.»

El Partido Popular de Aznar ganó las elecciones en 1996 y las privatizaciones de empresas públicas, continúa Guindal, se convirtieron en la «piedra filosofal» de su programa económico. Había que cumplir compromisos con Europa —reducir el déficit, la deuda pública y la inflación— y esta era la vía más efectiva para hacer caja. Repsol, Caja Madrid, Endesa, Argentaria, Tabacalera, Iberia... Todas fueron cayendo hasta el año 2000. El proceso fue tan rápido como controvertido y lleno de amiguismo: el ministro de Economía, Rodrigo Rato, «colocó a sus amigos al frente de las empresas privatizadas con el objetivo de seguir influyendo en ellas después de su venta». En el fondo, aquella deriva ya la había iniciado el PSOE en los ochenta con las privatizaciones y los cierres de empresas industriales que hasta entonces pertenecían al Instituto Nacional de Industria (INI). Esto fue la estocada final, ejecutada con rapidez. Aunque la digitalización y la liberalización del sector de las telecomunicaciones tuvieron algo que ver, la privatización fue uno de los factores que provocó que Telefónica redujera su plantilla durante los años dos mil.

Morir de asco

Pepa no estudió carrera ni entró en la teleco por oposición, sino porque su padre ya estaba allí. Tenía 16 años. «En aquella época, todos los que éramos hijos de empleados teníamos la opción de entrar de botones en la empresa —cuenta—. Al principio no había nada informatizado y todo lo movían las personas: si un directivo tenía que mandar documentación urgente a cualquier sitio, nos usaban a nosotras, las chicas, aunque a partir de una edad ya no podías estar de botones. Yo hice una oposición interna para promocionar y entré en la parte administrativa.» Llegó a ascender hasta secretaria de dirección. Casi cuarenta años después, con 53, Pepa se fue a su casa, ya prejubilada. Su relato es muy similar al de Andrés. «Yo no me quería prejubilar. Lo haces por una sencilla razón: aunque la empresa no te obliga a irte, te castiga. Tu puesto desaparece del organigrama. Yo tenía una serie de gratificaciones y, si no me hubiera prejubilado, me habría quedado con un salario de administrativa normal. Conozco a gente a la que metieron a un departamento a morirse de asco.»

Pepa salió de la empresa en 2011, en un expediente de regulación de empleo que afectó a casi 7.000 trabajadores. Aquello de prejubilar a tanta gente relativamente joven de golpe mosqueó sobremanera a los sindicatos y al Gobierno, ya entonces dirigido por el socialista José Luis Rodríguez Zapatero. «¿Qué hicieron? Nos mandaban dos años al paro y después nos distribuían la indemnización por despido hasta la jubilación, además de pagarnos la cotización a la Seguridad Social», explica. Engrosar así la factura pública del desempleo en plena crisis —en 2011, la tasa de paro llegó a superar el 22 %— y encima viniendo de una empresa que ganaba dinero a espuertas tenía muy poco de ético. Y bastante de jeta. La compañía terminó asumiendo el coste del ERE y el Gobierno creó la llamada *enmienda Telefónica*, que obliga a las grandes empresas con beneficios a compensar al Estado por los despidos colectivos de personas de más de cincuenta años, según el BOE. Por eso, para cuando despidieron a Andrés unos años más tarde, la fórmula era otra: un acuerdo llamado Pacto de Suspensión Individual. Mediante este pacto, el trabajador seguía vinculado a la empresa pero sin trabajar. Le podían llamar para volver en cualquier momento, pero tampoco lo hacían.

Qué más dan los tecnicismos: el efecto sobre los perjudicados, por muy de oro que fueran sus prejubilaciones, era devastador. Estos boomers no contaban con meterse en casa tan pronto cuando llevaban dedicando su vida al trabajo. Y menos en un momento vital en el que sus hijos ya estaban criados. «Anímicamente, los dos primeros años fueron duros. Yo echaba mucho de menos la actividad diaria: levantarme, arreglarme, irme a trabajar, que siempre hubiera alguien con quien comentar la actualidad... —recuerda Pepa—. De repente, te ves en casa, sales por la mañana y no ves a nadie... Se me cayó el mundo encima.» Con el tiempo, se acostumbró a hacer actividades —a ir al gimnasio cada día y a estudiar inglés, su «asignatura pendiente»— y a pegarse un par de viajecitos al año con su marido. «Lo que no he podido hacer de joven por una cuestión económica lo hago ahora», dice.

La reducción de plantilla con sueldos elevados tuvo otra derivada: la subcontratación precaria. Esto sucedió en este y en otro puñado de sectores, con especial relevancia a partir de la reforma laboral de 2012. En el año 2015, miles de trabajadores de subcontratas y autónomos de Telefónica se pusieron en huelga para demandar mejores condiciones laborales, al menos similares a las de sus compañeros de plantilla. *Insiders* versus *outsiders*. Eran técnicos dedicados a la instalación y el mantenimiento de líneas de ADSL que denunciaban jornadas de doce horas para llegar a sueldos irrisorios de apenas 800 euros al mes. En las crónicas del momento se recogen testimonios que reflejan lo que ya hemos comentado: el panorama que se encontraron los que llegaron después.

Las empresas multiservicios, que contratan a cientos de trabajadores a precio de saldo para ofrecerlos a terceras compañías, se multiplicaron a partir de dicha reforma. La cara más visible del fenómeno fueron las camareras de hotel, alias Las Kellys —acrónimo de Las Que Limpian, las *chicas*—, mujeres encargadas de adecentar las habitaciones cada vez que marcha un huésped a razón de dos euros. En la banca —otro sector que tiró de prejubilaciones de oro— se externalizaron servicios como la atención al cliente y la contratación de productos financieros. ¿Cuál fue el quid de la cuestión que disparó esta fórmula? La prevalencia de los convenios colectivos de empresa sobre los sectoriales. O sea que, si en Empresa Multiservicios Paco los trabajadores acordaban cobrar por debajo de lo que marcaba el convenio sectorial, su decisión iba hacia delante. Las multiservicios solían servirse de delegados sindicales afines para este propósito. La reforma laboral de 2021 recuperó la prioridad del sueldo marcado en el convenio sectorial.

47 y de vuelta al follón laboral

Carmen no tuvo una prejubilación de oro. Ojalá. Se vio con 47 años recién cumplidos en la calle y sin grandes expectativas de volver a trabajar. Era el año 2008. Ya había caído Lehman Brothers. Ya se había desatado el pánico financiero en todo el mundo. El desempleo en España subía con locura mes a mes. En diciembre, se superaron los tres millones de parados, una cifra que no se veía desde finales de los años ochenta. Nuestro país estaba en crisis —ya no *iba bien*— y a los boomers también les afectó.

Hasta ese momento, la carrera profesional de Carmen había sido la de una baby boomer estándar. Nacida en 1961, estudió la diplomatura de Puericultura (un título ya desaparecido para especializarse en crianza y cuidado de niños pequeños), hizo algunos trabajillos precarios durante su juventud sin que le dieran de alta en la Seguridad Social, se casó, tuvo a su primera hija y se metió en casa. Con el tiempo, al ver que iban a ser mejor dos sueldos que uno y que su niña algún día crecería y no necesitaría su atención, buscó trabajo. «Lo hice con todo el dolor de mi corazón —dice con ternura, como si fuera una millennial o una zeta desencantada que vive bajo el *leitmotiv* de *Abajo el trabajo*—. Pero al final entiendes que hay que ayudar en casa y que, si esperas a que tus hijos sean mayores, a lo mejor ya no tienes oportunidades.»

Carmen entró con 30 años en una empresa editorial. Era 1991. Empezó de recepcionista, ascendió hasta secretaria de recepción y ahí estuvo veinte años enteros hasta que llegó la crisis. «Entre finales de 2006 y principios de 2007, las cosas empezaron a cambiar. Por ejemplo, se pusieron límites de presupuesto a los colaboradores. Todo esto mosqueaba un poco, pero nadie decía nada —relata—. En 2008, ya se vieron movimientos raros, pero lo que nadie esperaba es que hubiera un recorte tan bestial.» En poco más de dos meses salieron de la empresa 60 personas, un 10 % de la plantilla. Aunque durante semanas el mensaje de la compañía fue que mantuvieran la calma, había ahí un runrún en el aire de que algo iba a pasar. Carmen y sus compañeros supieron que había llegado su hora la víspera de que la empresa les comunicara definitivamente su despido, un *viernes negro*, como en las mejores familias. Su lectura y la del comité fue que cargaron con el muerto los trabajadores más antiguos, «a los que no interesaba seguir manteniendo».

¿Qué hace una mujer de 47 años de vuelta al follón del mercado laboral? Y más en aquel momento horroroso, cuando no encontraba trabajo ni Dios. Lo primero: quitarse la hipoteca. «Nos dieron 45 días por año trabajado, que era lo que se daba con los despidos improcedentes en aquel momento», recuerda. Fue la reforma laboral de 2012, la misma que disparó la subcontratación, la que bajó el número de días a 33. «Yo me llevé unos 60.000 euros. Fue lo justo para terminar de pagar la casa, comprar unos cuadros y cambiar las toallas. Y con lo que sobró me compré un bolso de Tous.» Carmen —aún casada con su marido funcionario— dudó de sus posibilidades, pero no llegó a agotar los dos años de paro. «Tal y como estaba la situación en España, no sabíamos si iba a encontrar trabajo otra vez o no. En esa crisis tan bestial, con esa edad, con tantos millones de personas en el paro… La situación era dramática —recuerda—. Quitamos la hipoteca y pensamos que, si nos teníamos que apretar el cinturón, lo haríamos.» No hizo falta: se metió a estudiar una formación profesional de auxiliar de enfermería y empezó a trabajar poco después, cobrando menos que antes pero con la hipoteca pagada y mayor felicidad, pues en el fondo la enfermería era más *lo suyo* que ser secretaria de dirección. El desempleo de larga duración —más de doce meses— se elevó a porcentajes exagerados, superiores al 13 %, durante aquellos años fatídicos. Afectaba, como siempre, más a las mujeres que a los hombres, porque, ya lo hemos visto: ser mujer es una estafa. Luego se fue reduciendo hasta el 4 % actual, si bien es un problema que perjudica a los trabajadores de mayor edad.

A falta de empleo, pisos

La crisis de 2008 lo voló todo por los aires. Eso no significa que los diez años anteriores, los del crecimiento económico y el *España va bien,* fueran espléndidos: tan pronto se crearon millones de empleos como se destruyeron. Vivíamos en un castillo de naipes que llevaba décadas construyéndose. Primero endeudamos y hacemos a la gente propietaria; después, desindustrializamos el país. Luego vamos, poco a poco, sentando las bases para precarizar el trabajo: con contratos temporales que crean una gran dualidad entre los que ya están dentro del mercado (funcionarios incluidos) y los que no. Apostamos por el sector servicios, el turismo, el consumo y la construcción. Y cuando está todo españolito hipotecado de nuevo y estalla una burbuja internacional, el modelo se va al carajo.

De las consecuencias de ese viaje, que hemos recorrido a través de las vidas de los boomers, es de lo que toca hablar ahora por una cuestión fundamental: es en esta crisis cuando se termina de erosionar el mercado de trabajo y emerge la figura del trabajador pobre. Cobrar una nómina ya no te garantiza llegar a fin de mes; los activos inmobiliarios y financieros, en cambio, se erigen como seguros de las clases medias porque permiten complementar, cuando no sustituir, el sueldo (o la pensión). No es que todos los boomers fueran prejubilados o despedidos, compraran un par de pisos y se convirtieran en caseros, sino que el colapso del sistema les pilló con las cosas bastante encaminadas. Por decirlo de otro modo, sufrieron mucho más la crisis los jóvenes y los migrantes que ellos.

El historiador y sociólogo Emmanuel Rodríguez también es autor de *Fin de ciclo: Financiarización, territorio y sociedad de propietarios en la larga onda del capitalismo hispano (1959-2010)*, un libro académico que aborda la debilidad del modelo de acumulación español desde los años del desarrollismo, los del nacimiento de los boomers. «En 2008 se agudizan un montón de tendencias de degradación social que venían de atrás. Hay un parche financiero: aunque no haya dinero en el mercado de trabajo, lo hay en las finanzas y en el sector inmobiliario —resume—. En los años noventa ya había un montón de empleos de mierda. La figura del *repartidor* ya existía entonces, con la aparición de grandes franquicias como Telepizza. Era un fenómeno presente. Pero se funcionaba con ciertos apoyos. Tú podías tener muy poco trabajo, pero si tus padres o abuelos tenían casas, estas se habían revalorizado enormemente. Y, si habías estudiado, tus expectativas laborales eran altas. La crisis destrozó eso por completo.»

El historiador desgrana con tino la composición del mercado de trabajo durante los años dorados y del desempleo posterior. Pese a ser décadas de avances tecnológicos y revolución digital, la «fábrica española del empleo» se caracterizó por crecer muy rápido y concentrarse en dos sectores que endeudaban a las familias: la construcción y los servicios de mercado. Entre 1995 y 2006, «más de la mitad de los siete millones de nuevos empleos se generaron en el sector inmobiliario o a costa de la inflada cuenta de consumo de los hogares españoles. En concreto, la construcción, las industrias de suministros de la construcción, los servicios inmobiliarios y la industria del mueble crearon más de un millón y medio de empleos —escribe—. A su vez, al comercio, a la hostelería y a los hogares que recurrían al empleo doméstico le correspondieron otros 2,3 millones. En conjunto, el 54 % del empleo generado en esos años fue absorbido por esas ramas de actividad». Eran puestos de baja cualificación, alta temporalidad, salarios por debajo de la media y con grandes bolsas de trabajo en negro, sobre todo, en el servicio doméstico y en la construcción. Es una clase a la que el libro denomina *servoproletariado metropolitano*, compuesta por jóvenes, mujeres (sobre todo, de baja cualificación) y extranjeros poco organizados laboralmente, que poco o nada tiene que ver con la clase obrera industrial y masculina de los ochenta: aquella que cortaba carreteras con barricadas a la primera de turno. La que hoy dice que los jóvenes se ahogan en un vaso de agua.

¿Qué pasó? Que fueron esos mismos sectores los que destruyeron empleo cuando explotó todo. Por grupos, el paro se disparó entre los jóvenes de hasta 24 años, personas sin estudios y extranjeros no europeos. Los españoles, los adultos de entre 40 y 50 años —que en ese momento eran los Búmer Bumérez— y las personas con estudios superiores mantuvieron tasas de paro por debajo de la media. Y a los funcionarios que ya tenían su plaza —las Charo Chárez de turno— no les afectó. Quienes salimos al mercado laboral en aquella época recordamos los contratos de prácticas eternos, los trabajos en los que te tenías que conformar con que te pagaran solo el abono transporte (sin sueldo) y el discurso de «Es que ahora no se puede contratar». Los jóvenes éramos los *outsiders.* Por supuesto, la posibilidad de comprar una vivienda desapareció de nuestras cabezas y quien pudo se fue de alquiler. Y así, un año y otro año y otro año, viendo cómo la mensualidad se comía cada vez más sueldo y hacía imposible ahorrar. Como dijo un sabio: "Me sobra demasiado mes a final de sueldo". El descontento juvenil empezó a palparse en manifestaciones encabezadas bajo lemas del tipo «No vas a tener casa en tu puta vida» o «Sin casa, sin curro, sin pensión, sin miedo» y culminó con el 15-M, que no fue una barricada estilo años ochenta, pero cambió radicalmente el curso de la política española.

Aquellos sueldos menguantes se iban, en cuanto entraban, a la cuenta corriente de los caseros. Quiénes son los caseros es lo que veremos ahora…

11
EL CASERO BOOMER

El Palacio de Cibeles de Madrid es un edificio imponente y monumental, de fachada recargada e interiores grandiosos, sede de la alcaldía de la ciudad y de un espacio cultural donde a menudo hay exposiciones de interés. No sabía yo hace unos años —en 2018, cuando aún no había cumplido ni los treinta— que en la planta de abajo había una sala pequeñita, austera y nada ostentosa, para la organización de eventos reducidos. Me enteré porque José Precedo, que entonces era jefe en *elDiario.es* de Madrid, me puso sobre la pista de un peculiar sarao que se celebró allí el mes de octubre de aquel año. «Esto es bastante acojonante —dijo por Telegram—. ¿Te apetece ir?» Acepté.

Precedo adjuntó un enlace al blog de Fotocasa que informaba del «primer salón inmobiliario de pisos de nuda propiedad». Hoy hasta Idealista tiene una opción para filtrar por pisos que se comercialicen en nuda propiedad, pero entonces poca gente había oído hablar de ello. Vender la nuda propiedad de una vivienda consiste en venderla a menor precio y conservar el derecho a usarla hasta morir. Se trata, según defienden sus impulsores, de una fórmula perfecta para jubilados en apuros: ellos tienen sus casas, concentran ahí el grueso de su riqueza y les sirven para vivir, pero —he aquí la cuestión— no les proporcionan *cash*. Si las venden, aunque sea por menos de lo que valen y pueden mantenerlas hasta irse al otro barrio, dispondrán de un ingreso complementario a la pensión que les permitirá vivir holgadamente el resto de sus días. O pagar la residencia, si es el caso.

La nuda propiedad, vivir «como dios»

Los jubilados con vivienda en propiedad en España son casi todos: el 83 %, según los datos del Banco de España. Tienen un *activo inmobiliario y financiero* y venderlo puede ser, en tiempos de alta esperanza de vida, la solución a sus problemas. O simplemente un buen modo de mandar al cuerno a sus herederos, sacar pasta y pegarse la vida cañón. Todo esto no se me ha ocurrido a mí —¿ojalá?—, sino que lleva años perfeccionándolo un empresario llamado Eduardo Molet.

Este empresario tiene 72 años y fue el organizador de aquel primer salón inmobiliario de pisos de nuda propiedad. Es un tipo muy alto y entusiasta, cero encorsetado, que practica desde hace años el llamado «marketing de guerrilla» para captar jubilados propietarios: tan pronto se los lleva de capea como crea un *talent show* radiofónico para que muestren sus habilidades (cantar, contar chistes…) al mundo. Publicó un libro en el que contaba todas sus técnicas, titulado *¡Vendido! ¡Vendido! ¡Vendido!*, en cuya portada, roja y con grandes letras blancas, solo aparece un retrato suyo apuntando con el dedo, muy parecida a esa ilustración estadounidense con la que se reclutaban soldados para la Primera Guerra Mundial (la de *I want you for U.S Army*). El cuadro del evento era interesante: además de Molet —que menudo personaje es— y unas cuantas empleadas de la empresa, llenaban la sala un puñado de señores y señoras mayores a los que ponía como ejemplo de su modelo de éxito. Si le preguntabas en qué consistía aquello de la nuda propiedad, te ponía a hablar con alguno para que te lo explicara: por cuánto había vendido, a quién y qué feliz era… Una de las señoras a las que tuve la oportunidad de entrevistar me dijo, literalmente, que tras la venta de su piso y con 140.000 euros en el bolsillo además de la pensión, vivía «como Dios».

Visto con perspectiva, Molet fue un visionario. Con el tiempo, la nuda propiedad que vislumbró se ha popularizado y han entrado en el asunto los fondos de inversión. Para quienes compran los pisos, la gracia está en que les salen a mitad de precio o menos; el riesgo, en que no pueden disfrutarlos hasta pasados unos años. La edad del vendedor es una variable fundamental: cuanto mayores son, más caro lo pueden colocar (porque en teoría no durarán mucho).

Siempre me he preguntado —y, de hecho, es lo que le pregunté a Molet— si los vendedores no tienen un incentivo en fingir ser muy viejos para vender más caro y si los compradores no tienen un incentivo en matarlos para conseguir el piso antes. Y siempre me ha asegurado que no: que como *la vivienda siempre sube*, los compradores —inversores a los que les sobra el dinero y lo quieren meter en ladrillo— no tienen ningún interés en que el jubilado se muera. ¡Habrá que creerle!

Además de la venta en nuda propiedad, existen otros negocios que orbitan alrededor de ese bien tan codiciado que son los pisos de los mayores españoles: la hipoteca inversa (el banco paga al propietario mes a mes por su piso), la vivienda inversa (una empresa compra la casa y el jubilado le paga una mensualidad barata por permanecer viviendo en ella) o el simple hecho de venderlos o alquilarlos. Recordemos que, por grupos de edad, son ellos quienes tienen los pisos y que, desde que los compraron, esos pisos no solo han subido muchísimo de precio —y por eso los mayores de 55, de 65 y de 75 años son los más ricos de España—, sino que el alquiler se ha disparado.

Tener hoy un piso es un buen *business*, aunque sea potencial, y varios ya ni te cuento. Y ahí los boomers —y sus padres, si es que aún viven— ganan por goleada al resto de generaciones.

Casera por sorpresa

Carmen, la mujer que fue despedida durante la crisis y se llevó 60.000 euros de indemnización, no pretendía ser casera. Pero de repente lo es y cobra 800 euros al mes a un matrimonio por un piso en un pueblecito de la sierra madrileña. Como en el resto del país, los precios han subido mucho: hace diez años, ese piso no se habría alquilado ni por la mitad.

Los padres de Carmen fueron los típicos padres de posguerra que emigraron a la ciudad: Antonio lo hizo desde Asturias para trabajar como conductor de autobús; Claudia, desde Segovia para servir en una casa. Y a partir del primer embarazo, llegó lo que parecía irremediable: no salir del hogar. En Madrid compraron un piso para vivir y, a finales de los ochenta, cuando sus tres hijos boomers ya estaban criados, accedieron a otro en la sierra para ir los fines de semana. Cuando Antonio se jubiló, decidieron vender el primero y retirarse allá en lo alto. Y cuando él murió y Claudia se quedó sola e impedida, Carmen y sus hermanos tuvieron que tomar una dura decisión: llevarla a una residencia y alquilar el piso para poder pagarla.

«La residencia eran 2.000 euros al mes y con la pensión no nos daba —relata Carmen—. Necesitábamos una ayuda, así que decidimos alquilarlo. No podíamos venderlo porque estaba a nombre de mi madre y ella no estaba en plenas facultades ni tenía capacidad para tomar decisiones, así que el notario no nos habría dejado.» Tras unos años en la residencia, que se pagaba con ese alquiler, una pensión escueta y aportaciones de cada hijo, su madre falleció. De momento, ella y sus hermanos mantienen el piso alquilado, que supone unos euritos extra en la cuenta corriente a final de mes, pero no descartan venderlo algún día.

Carmen, baby boomer y casera por sorpresa. ¿Cómo de habitual es este perfil? En España, hemos mamado durante años el discurso del *pequeño propietario*, del jubilado al que no le queda otra que complementar su pensión ridícula con la renta de un piso en alquiler (porque parece incuestionable que uno pueda tener dos pisos pero ser *pobre*). Incluso el PSOE se inventó un personaje ficticio para ponerle cara a este estereotipo y negarse a establecer un control de precios: la «abuela María». La «abuela María» nació en 2021, cuando los socialistas gobernaban en coalición con Podemos y se discutía la introducción de límites al alquiler. Podemos lo defendía; el PSOE se negaba en banda. «¿Cómo le vamos a quitar el complemento a la escasa pensión de la abuela María?», dijeron fuentes del partido en un artículo publicado en *Infolibre*. Según su lógica aplastante, el bienestar de la «abuela María» dependía del malestar de su inquilino, al que no veían problema en exprimir un poquito más. De aquella época es la célebre frase «La vivienda es un derecho, pero también un bien de mercado» pronunciada por José Luis Ábalos, entonces ministro de Transportes y Agenda Urbana, que pasará a la historia.

Pasó mucho tiempo para que los intereses del inquilino —que, con su sueldo, con el sudor de su frente, complementa la pensión del pobre jubilado, ¡ni más ni menos!— estuvieran representados. Y eso ha sucedido gracias al trabajo de los sindicatos de inquilinos y de organizaciones, de académicos e instituciones que entienden la vivienda como un *derecho*, no como un *activo*. Frente a los discursos estereotipados que taladran las cabezas, estas organizaciones han hecho trabajos muy elaborados para, además de representar al inquilino, entender cómo está compuesto el mercado de los caseros. ¿Quiénes son? ¿Cuánto cobran? ¿A qué clase pertenecen? ¿Qué edad tienen?

A nivel mediático, dichos estudios suelen enfrentarse a un problema: los jefes de los periódicos consideran que vienen de gente muy roja y muy activista y muy *punk* y muy poco seria y peléate tú con ellos para conseguir que te dejen publicarlos. Normalmente, te dirán que seas neutral y llames a *expertos* que ofrezcan una visión distinta, a *representantes de los propietarios*, a los que consideran gente más solvente e imparcial. En estos casos —que me ha tocado vivir—, yo siempre me quedo con lo que dice Jaime Palomera, investigador especialista en vivienda y uno de los primeros representantes que tuvo el Sindicato de Inquilinos de Barcelona: los *expertos* del lado propietario son activistas de lo suyo. Basta con ver qué libros han publicado y qué empresas patrocinan sus cátedras universitarias. Gonzalo Bernardos, *experto* habitual en las tertulias de vivienda, dirige sendos másteres sobre promoción inmobiliaria en la Universitat de Barcelona. Y escribió un libro sobre cómo invertir con éxito en el mercado inmobiliario. José García Montalvo, economista y columnista en medios de comunicación, dirige —esto es fuerte— la cátedra Tecnocasa, creada junto a la Universitat Pompeu Fabra para «analizar el mercado de la vivienda». ¿Cómo de imparcial es alguien que cobra de una inmobiliaria? Pues con estos bueyes hemos de arar.

Tu casero es más rico que tú

En 2023, habiendo sido ya aprobada la Ley de Vivienda que permitía limitar —con pinzas y siempre que las Comunidades Autónomas quisieran— el precio de los alquileres, tres investigadores españoles, Miguel Martínez, Lorenzo Vidal y Javier Gil, publicaron el informe *¿Cómo afectará el control del precio de los alquileres a los caseros?* Lo hicieron en colaboración con el Instituto de Investigación Urbana de Barcelona, una cooperativa que se financia a través de recursos propios y convocatorias públicas para proyectos de investigación. La idea era analizar si la «abuela María» iba a caer en la miseria en caso de que el Gobierno la obligara a cobrar menos a su inquilino o si al menos seguiría teniendo para comer. Para hacerlo, los investigadores acudieron a la Encuesta de Condiciones de Vida que elabora anualmente el INE, de cuyos microdatos se puede extraer petróleo.

Los resultados son reveladores: los caseros son el doble de ricos que los inquilinos. La mayoría de los hogares que perciben ingresos por alquiler está entre los más ricos de España, mientras que la mayoría de los hogares inquilinos está entre los más pobres. De media, un hogar casero tiene una renta de 46.700 euros anuales, mientras que un hogar inquilino apenas alcanza los 22.200 euros anuales. La renta media se calcula sumando todos los ingresos de un hogar y dividiéndolos entre el número de integrantes: no significa que esos 46.700 euros sean todo lo que entra en una casa en un año. La «abuela María» no se iba morir de hambre con la entrada en vigor de la Ley de Vivienda porque la «abuela María» no existe. Y, si existe, es muy residual. Dicho de otro modo, es más probable que se muera de hambre Zóomer Zoomérez (el hijo de los boomers) si le suben el alquiler que la «abuela María» si se lo bajan.

Los autores del informe, con quienes hablé días antes de que saliera publicado, estaban realmente comprometidos con desmontar la idea del «casero vulnerable». No solo porque esta se repitiera en los medios, sino porque llegaba hasta el BOE. Cuando estalló la pandemia y el Gobierno decretó medidas urgentes como una moratoria en el pago del alquiler, lo hizo sobre la base de que había que garantizar «un equilibrio» que impidiera que «la vulnerabilidad de los arrendatarios» fuera trasladada a los «arrendadores, especialmente a aquellos para los que los ingresos generados por la renta del alquiler» pudieran «ser esenciales». Fuente: La Cibeles. Tal y como describe el informe, «con los datos disponibles, se concluye que los caseros son una minoría relativamente acaudalada de la población y que la figura del casero vulnerable es residual».

Descifrando al «pequeño propietario»

Esther, la divorciada a la que visité en Benidorm, fue casera dos veces: antes de vender su primera vivienda de Segovia y antes de mudarse al apartamento en la playa. Antonio, que me recibió en su adosado de Tres Cantos, compró un piso como inversión y es casero en la actualidad. Son ejemplos muy distintos de pequeños propietarios, cada uno con una motivación detrás, pero que junto a los datos nos permitirán trazar un retrato de este espécimen tan popular.

«Ya habíamos pagado el piso que compramos y empezamos a pensar en si reformarlo o no —me cuenta Esther—. Yo prefería algo más céntrico y que fuera nuevo, no quería meterme en reformas. Miramos, encontramos y, como a mí siempre me ha gustado el tema de invertir, decidimos mantener el otro y ponerlo en alquiler. Total, la opción de venderlo siempre la tienes.» Un tiempo después, «rebotada» porque los inquilinos no lo cuidaban, decidió venderlo. Fue entonces cuando triplicó la inversión, porque lo había comprado a precio de vivienda protegida pero pudo venderlo a precio de mercado. El apartamento de Benidorm lo tuvo alquilado un año antes de necesitarlo para vivir en él: con los 500 euros que cobraba a los inquilinos allá por 2019, iba pagando la hipoteca y los gastos.

He aquí una disyuntiva clásica: ¿quién paga el piso, el casero con su hipoteca o el inquilino con su trabajo y su sueldo? Si en cuanto le llega el sueldo tiene que ingresar la mitad por alquiler, ¿no estará el inquilino trabajando para su casero?

Antonio y María, ambos prejubilados de Telefónica, compraron un piso en Tres Cantos en 2018. Son un matrimonio que mueve sus dineros y al que la pérdida de poder adquisitivo que supone la pensión no les causó ningún drama. «Cobras menos, pero tus necesidades cambian. Y has ido haciendo algo de ahorro, ya no vives como cuando te compraste la casa. Además del tute diario y de los viajes, hay una parte que puedes guardar —explica él—. Tienes tus bonos en el banco, tus fondos de inversión… Tienes los planes de pensiones, que después de cuarenta años de carrera igual son ciento y pico mil euros. Pero claro, con la última crisis bancaria, los bancos dejaron de remunerar el ahorro. Y dijimos: "¿Por qué no nos compramos un piso?". Lo compramos teniendo un inquilino, pensando que en el futuro le podría venir bien a alguno de nuestros dos hijos. Sin hipoteca, sacando el dinero del banco y de la noche a la mañana.» Aunque el alquiler les aporta un ingreso adicional, aseguran que no lo compraron pensando tanto en la «rentabilidad» como en «salvaguardar el valor patrimonial» y en «allanar» el camino a sus chavales. Sus cuñados, también boomers y caseros, cambiaron de piso, «y en lugar de venderlo, lo alquilaron —cuentan—. Contratas a una empresa tipo Alquiler Seguro, lo pones a precio razonable y ya está. Esas cosas están pasando».

Nadie sabe con certeza cuántos caseros hay en España. Ni el dato fundamental: cuántos pisos acumula cada uno. Pero sí hay una serie de aproximaciones, como la que hicieron los investigadores sobre esa «abuela María» inexistente, que dan pistas valiosas. Según los datos que publica Hacienda cada año, tres millones de contribuyentes declaran ingresos por alquiler de inmuebles (ya sea un piso, un trastero o un garaje). Es el 13 % del total. La cifra ha aumentado en los últimos años: puede ser que haya más caseros que antes, pero también que más personas lo declaren y no lo cobren en negro. ¿Por qué harían esto? Porque Hacienda cada vez tiene más instrumentos para pillarlos —por ejemplo, pedir datos a las eléctricas sobre si una vivienda está siendo usada o no— y porque alquilar un piso tiene ventajas fiscales. Unas ventajas fiscales que, por cierto, les cuestan a todos los españoles más de 1.000 millones de euros al año, porque son 1.000 millones que se dejan de ingresar. Los detalles los estudió la Autoridad Independiente de Responsabilidad Fiscal (AIReF), un organismo que no parece muy sexi pero cuyas funciones son trascendentales: pone negro sobre blanco cómo se gasta el dinero público en nuestro país y tiende a leerle la cartilla a los Gobiernos de turno.

En 2021, la AIReF publicó un estudio sobre una ristra de beneficios fiscales: entre ellos, la reducción por alquiler de viviendas, que permite reducir la cantidad sobre la que el casero paga impuestos (ejemplo: si gana 12.000 euros al año alquilando un piso, solo paga impuestos sobre 3.360 de esos euros). De acuerdo con su análisis, el beneficio fiscal se concentra en las rentas altas y los contribuyentes mayores de 55 años. Aunque la mayoría de los beneficiarios son trabajadores por cuenta ajena —curritos, digamos— y jubilados, una parte importante del coste fiscal total se lo llevan los rentistas, personas cuya principal fuente de ingresos son los rendimientos del capital inmobiliario. Los datos de la AIReF encajan bastante con los que desmontaron el perfil de la «abuela María»: no hay muchos caseros en España y los que hay no son particularmente pobres, sino más bien ricos (cuando no rentistas): cuanto más rico es un casero, más ingresos percibe por alquiler. Y se concentran en los tramos de mayor edad, los boomers. Ahora mismo son quienes más riqueza manejan y, en algunos casos, han decidido comprar pisos como inversión. Los caseros boomers a los que conocí preparando este libro aparecieron de casualidad, no fui buscándolos. No son todos, pero sí unos cuantos. Cada uno se hizo casero por una razón distinta; eso sí: todos tenían un único piso en alquiler. Son «pequeños propietarios» de verdad.

En 2022, el Observatorio Metropolitano de la Vivienda de Barcelona publicó el primer estudio serio sobre la estructura de propiedad de los pisos en alquiler, esto es, sobre cuántos pisos tiene cada casero. Porque está muy bien decir que casi todos los caseros son *pequeños propietarios* o *particulares,* pero eso no es incompatible con que unos pocos acumulen mucho. Usando datos de las fianzas depositadas con cada contrato, el Observatorio encontró que la mayoría de los caseros tiene una sola vivienda, pero la mayoría de las viviendas están en manos de un multipropietario. El 21 % de los caseros concentra el 60 % de las viviendas porque tiene más de un piso en alquiler. Dos años después, el Observatorio repitió el estudio a nivel metropolitano con resultados similares.

No sabemos qué pasa en el resto de España, pero podemos inferir que en las grandes ciudades la composición del mundo casero es similar. Que además de Búmer Buméerez con su piso heredado o comprado a tocateja para su hijo, hay otros actores que acumulan una buena parte del parque. Como el precio del alquiler se ha disparado —porque cada vez hay más gente que lo necesita y, como un techo es un bien de primera necesidad, se termina pagando lo que haga falta— y como la rentabilidad de un pisito es superior a la que dan los bancos, se han metido en el mercado inversores, empresas y rentistas profesionales. Parte de los pisos que compran, por cierto, proceden de esos boomers o padres de boomers que necesitan el dinero para su residencia y su jubilación.

Búmer Bumérez no se hace rico como casero, pero el dinero no le viene mal

¿Se hizo rica Esther con los 500 euros que recibía mes a mes por el apartamento en Benidorm? No mucho, pero le sirvieron para vivir más holgada y pagar la hipoteca. ¿Se hace rica Carmen con los 800 euros a repartir entre tres hermanos que ingresa por el piso en el que vivía su madre? Pues tampoco te creas, porque encima la comunidad cuesta casi 200 euros al mes. ¿Y Antonio? Teniendo en cuenta que hace viajes en pareja con presupuestos superiores a 11.000 euros, tiene ingresos (la pensión) y colchón (los ahorros) suficientes como para que el alquiler no sea fundamental.

El casero español típico es más rico que la media —concretamente, el doble de rico que el típico inquilino—, pero no se forra con su piso en alquiler. De hecho, según los datos que recogió el Instituto de Investigación Urbana de Barcelona, podría dejar de cobrarlo y seguiría siendo más rico que el resto.

El sociólogo e investigador Carlos Delclós estudió a los caseros usando la misma fuente de datos que el Instituto, la Encuesta de Condiciones de Vida del INE. Comprobó que existe una tendencia a que sean cada vez mayores y a que su edad media sea superior a la de los hipotecados. Por otro lado, estimó que el 70 % de hogares de pequeños propietarios ganan menos de 360 euros al mes por alquilar su propiedad. No es dinero suficiente para hacerse millonario, pero sí para dar «un salto de clase». Como en España los salarios son bajos, tener un piso en alquiler es un complemento simpático o una fórmula para *ir pagándolo* si aún tiene hipoteca. Así, y dada nuestra larga historia de mentalidad propietaria, los caseros (que son pocos, acaudalados y mayores) se alinean con los intereses de los fondos, las empresas y los rentistas profesionales para crujir a los inquilinos (que son jóvenes, inmigrantes y pobres) en nombre del mercado.

Cuando la antropóloga Inés Gutiérrez Cueli fue a pasar su segundo año en las urbanizaciones del PAU

(Programa de Actuación Urbanística) de Carabanchel, en Madrid, decidió que pasaba de compartir piso con hombres otra vez, como había hecho el primer año. «No quería volver a lidiar con la falta de empatía en la convivencia, con la soledad doméstica, la suciedad y el miedo —relata—. Deseaba vivir con una persona que fuera propietaria de su piso, algo que implicaba tener más vínculos con el resto de la comunidad vecinal y también una trayectoria residencial que me interesaba.» Así fue como encontró a María, una mujer que entonces tenía 43 años. Una boomer tardía, nacida en 1976, que alquilaba una habitación.

María no se había casado ni había tenido hijos. Vivía sola, cobraba muy poco y dependía económicamente de sus padres, porque con su sueldo de cajera a veces no le daba ni para poner la calefacción. Su trayectoria laboral era la propia de una mujer, la mitad, y de una *late* boomer, la otra mitad: aunque había sido la primera de su familia en cursar estudios superiores —una diplomatura en Turismo— y había accedido a un piso en propiedad, estaba marcada por los trabajos temporales y mal remunerados. Ya vimos que esto fue lo que pasó durante los noventa y lo que, a diferencia de los boomers primigenios de los sesenta, se encontró la siguiente camada de la generación. La vida de María no era mejor que la de sus padres, emigrantes manchegos que desembarcaron durante el desarrollismo en la periferia de Madrid. Por este cóctel de razones, muy a su pesar, se había hecho casera. Incluso evitaba contárselo a las vecinas porque le daba vergüenza.

La historia de María pone de relieve la importancia, cada vez mayor, de tener una vivienda como *activo*: si el sueldo de mileurista no llega para la vida —ni siquiera para estar a gusto en casa en invierno—, alquilar una habitación o ponerla en Airbnb puede ser una buena idea para ir más holgada y tirar. Gutiérrez Cueli fue su inquilina en 2019, cuando la recesión de 2008 que rompió todo ya había pasado, pero cuyos efectos perduran hasta hoy.

Quien tiene un piso tiene un tesoro

Durante los años más profundos de la crisis inmobiliaria, entre 2008 y 2012, hubo en España alrededor de 400.000 desahucios. La estimación es de la Plataforma de Afectados por la Hipoteca (PAH), un movimiento social nacido en aquella época y formado por personas con dificultades para pagar al banco o en proceso de ejecución. Los datos oficiales que publica el Consejo General del Poder Judicial no empiezan hasta 2013: en ellos se ve que, con los años, los desahucios por no pagar la hipoteca han ido cayendo al tiempo que los ejecutados por no pagar el alquiler no paran de subir. Ahí estamos: hemos pasado de una sociedad en la que lo *normal* era convertirse en propietario joven a una en la que lo raro es no vivir atrapado en el asfixiante bucle del alquiler. En este mercado salvaje, los jóvenes (y los migrantes y los pobres) compiten contra *expats* y turistas, que parece que molestan menos y pueden pagar más miles de euros por el mismo lugar.

Los *expats*, como se llama a los migrantes de países ricos, son desde hace unos años una figura significativa en el marco de la vivienda española. Son perfiles de europeos, sobre todo, y de estadounidenses en menor medida, que vienen a nuestro país atraídos por su calidad de vida —el solecito, la playa, las tapas, el alboroto— y los precios bajos; al menos, más bajos que en sus países. Trabajan en remoto, quizá como nómadas digitales (personas que viajan trabajando sin quedarse más de unos meses en el mismo lugar), o vienen contratados como «profesionales altamente cualificados». Para ellos todo es alfombra roja y visados especiales. Para los caseros son un caramelito porque tienen más dinero y porque, por sus características, pueden valorar los alquileres de temporada, que tan de moda se han puesto porque esquivan la Ley de Arrendamientos Urbanos (que dicta que los contratos tienen que ser de cinco años) y la Ley de Vivienda (que permite establecer límites de precios en las Comunidades que lo deseen). Los jóvenes que alquilan —si es que pueden: la edad media de emancipación está en más de treinta años— son cada vez más: el 51 % de los que tienen entre 16 y 29 años; el 33 % de los que tienen entre 30 y 44. Alquilar no es necesariamente malo: en países europeos como Alemania, Suiza, Francia o Dinamarca, un elevado porcentaje de la población vive de alquiler. Lo dramático es que la renta se coma medio sueldo o más, ya no solo porque impide ahorrar para poder comprar un piso —una opción que, a día de hoy, puede resultar más barata de pagar cada mes—, sino porque tampoco deja mucho margen para el resto de las necesidades. Por no hablar de la transferencia de rentas: los jóvenes y los pobres pagan el alquiler a los ricos, que además son mayores. Se cruzan dos desigualdades no excluyentes: una de clase y otra generacional.

La vivienda se ha convertido en una de las principales preocupaciones de los españoles, cuando no la primera: compite ahí ahí con la «crisis económica», los «problemas políticos» y la «inmigración», según el mes que se mire en el barómetro del Centro de Investigaciones Sociológicas (CIS). Es un asunto al que se le han dado doscientos cincuenta y siete millones de vueltas mientras los alquileres no han dejado de subir. Todos los *expertos*, de un lado y de otro, coinciden en que tendría que haber más vivienda social, ya sea promovida por el Estado, por entidades sin ánimo de lucro o mediante la colaboración público-privada. Lo que pasa es que eso cuesta muchos años. Y luego en cada extremo tienen su receta: los muy liberales creen en el aumento de la oferta de vivienda por encima de todas las cosas (*supply-believers* los llama el viviendista Javier Burón) y los que a la *gente seria* le parecen punkis (la PAH o los sindicatos de inquilinos) suelen proponer medidas bastante europeas, como el control de precios ensayado en Berlín, París, Ámsterdam... Estos últimos abogan, además, por la lucha inquilina. El obrero contra el patrón, el inquilino contra el casero y la huelga como herramienta: igual que se deja de trabajar, se deja de pagar el alquiler. Total, ya sabemos que a la abuela María de hambre no la vamos a matar.

Dado que los boomers son un grupo de votantes muy numeroso —el 54 % de los electores en España tiene más de cincuenta años— e importante, porque votan más que los jóvenes, existe la teoría de que ni el PSOE ni el PP tienen intención alguna de resolver el *problema de la vivienda*. Primero, porque, como ya hemos visto, para los boomers no es un problema. Segundo, porque son los caseros. Y tercero, porque, como su riqueza está concentrada en el ladrillo, el desplome de precios con el que fantasean los millennials sería una auténtica hecatombe. Ni Burón ni la politóloga Cristina Monge lo ven tan claro: creen que a ambos partidos les ha entrado el pánico en los últimos años porque tienen votantes jóvenes y porque el boomer promedio empieza a preocuparse por el futuro de sus hijos. Unos hijos que están, como dijo con acierto el periodista Sergio de la Cruz en X, cotizando para pagarle la pensión al casero.

12
CUARENTA AÑOS COTIZADOS

La nómina de enero de 2023 le llegó a Elena con descuento. Diez euros menos, que no son muchísimos, pero en unidades de cerveza suponen entre tres y cuatro —poca broma, tal y como está de cara la vida— o la suscripción al Netflix mensual. Diez euros menos, pensó, que tampoco es para tanto pero que si lo miras en su cómputo anual son ya 120 euros, y, cuidado, 120 euros igual son un par de noches más en el hostal más barato de una capital de provincia en verano o la entrada para un festival. Diez euros menos, porque su sueldo era abultado y, oye, en realidad, ella era una millennial privilegiada que por casualidades de la vida —y por algo de mérito propio también— había accedido a un puesto de trabajo bien remunerado y no era quién para quejarse si ahora el estado de bienestar español necesitaba de ese trocito de sueldo suyo para no quebrar.

¿Adónde habrían ido a parar? Pues tampoco era un misterio. Los diez euros menos de la nómina de Elena correspondían a un novedoso concepto llamado Mecanismo de Equidad Intergeneracional, alias MEI, una recarga en la cotización de los trabajadores que se aprobó en 2021 y repercutió en los sueldos dos años después. A todos los empleados en activo, como Elena, les afectó esa ligera merma en sus ingresos: ahora les sobraba incluso un poquitín más de mes a final de sueldo. Pero el MEI tiene su lógica. En el momento de su introducción, empezaba el gran desafío al sistema de la Seguridad Social, un reto del que llevaba años hablándose y que por fin estaba aquí: la jubilación en masa de los boomers españoles.

Los nacidos en 1957, el año que comenzó el *baby boom*, cumplieron 65 años en 2022. Como ya hemos visto, además de ser muchos, los baby boomers patrios han tenido carreras profesionales estables y bien remuneradas, lo que les da derecho a pensiones muy generosas. Como no iba a haber dinero suficiente para pagarlas —es decir, había que fortalecer la sostenibilidad del sistema de la Seguridad Social, en el lenguaje sin alma del Boletín Oficial del Estado—, se creó dicho mecanismo, que a todos los efectos consiste en quitarle un pelín más de sueldo a los curritos para dárselo a los pensionistas. De eso trata la *equidad intergeneracional.*

No es fácil desentrañar las complejidades del sistema de pensiones español: de dónde sale exactamente el dinero para cada partida, cuánto hay que poner de más, desde cuándo y qué efecto tiene cada una de las medidas que se vienen tomando para aumentar los ingresos y disminuir los gastos... A veces ni siquiera lo entienden sus mayores defensores: los colectivos de pensionistas que dicen llevar «toda la vida cotizando» para «pagarse su pensión».

La Seguridad Social no es una hucha en la que un trabajador deposite dinero para sacarlo en el momento de su jubilación. Se trata de un sistema de reparto basado en la solidaridad entre generaciones. Los trabajadores actuales pagan, con sus cotizaciones, las pensiones de los jubilados actuales con el compromiso de que, cuando ellos se jubilen, la situación siga igual. Y es un concepto que tiene sentido cuando hay suficientes trabajadores para sostener a todos los pensionistas. Pero en España, como en otras sociedades occidentales, al *baby boom* le ha sucedido un *baby crash*, una tremenda reducción de la natalidad. Por eso, ahora el sistema es deficitario: no hay tantos trabajadores como sería necesario para pagar todas las pensiones. Así, se le van poniendo parches como el mecanismo de equidad intergeneracional, la cuota de solidaridad o las jubilaciones demoradas, entre otros, para que no haga aguas. Y se vienen tiempos difíciles: según las proyecciones demográficas, vamos a estar *tensionados* hasta el año 2050, que será cuando ya estén todos los boomers jubilados y se alcance el pico de gasto.

Hasta entonces, y he aquí el principal drama del asunto, si se quieren garantizar sus pensiones, habrá que movilizar recursos de otras partidas. Y ese será dinero que no se invertirá en el resto de las generaciones del país.

506 millones al día

A finales de 2024 apareció en X una cuenta llamada Días de Pensiones en España (@diasenpensiones), que en tono jocoso se dedicó a medir el coste de operaciones gigantescas y megaestructuras en días de pensiones. No es ni muy activa ni ultraviral, pero qué línea editorial tan bien tirada. En el imaginario español, ha calado tanto el relato del «pequeño propietario» como el del «chiringuito», entendido como todos esos observatorios, oficinas, comisiones de expertos y demás artefactos burocráticos creados por Gobiernos despilfarradores para colocar a amiguetes. Según esta idea, si nuestro país recortara en políticos y «chiringuitos», otro gallo cantaría y seríamos Suecia (como poco). Cuánto cuestan esos «chiringuitos» y cuánto ahorraríamos eliminándolos es algo que aún nadie ha calculado, pero que se dimensiona rápidamente al medirlos en días de pensiones. Ejemplo: la Unidad Valenciana de Emergencias, un «chiringuito» que desmanteló el Partido Popular al poco tiempo de empezar a gobernar en 2023, tenía asignado un presupuesto anual de 70 millones de euros. Eso son poco más de tres horas de pensiones.

Veamos otros casos para ir entendiéndolo bien. La reforma del estadio Santiago Bernabéu —es tradición en la prensa española medir todo en Bernabéus, así que por qué no hacerlo aquí también— costó 1.170 millones de euros. Eso son 2,3 días de pensiones en España, según los datos de abril de 2025. Ese mes la nómina de la Seguridad Social ascendió a 13.515 millones de euros que, sumados a los 1.668 millones de euros del coste de las pensiones de clases pasivas (el régimen de los funcionarios), suponen un gasto en pensiones de 506 millones al día. Bajo esta lógica, el fichaje de Neymar por parte del Paris Saint-Germain, el más caro de la historia del fútbol moderno, costó apenas diez horas y media en pensiones (222 millones de euros). Construir la línea de alta velocidad entre Madrid y Barcelona fueron diecisiete días de pensiones (8.966 millones de euros). El Gordo de la lotería de Navidad es poco más de un minuto de pensiones (400.000 euros) y el sueldo del presidente del Gobierno no llega a veinte segundos (104.000 euros anuales). Incluso el túnel bajo el mar que un día proyectó el tarado de Elon Musk para su *hyperloop* no llegaría a un par de meses de pensiones (20.000 millones).

Haciendo *scroll* por la cuenta —de marcado carácter liberal— daba la sensación de que España podría ser el meme de la megaciudad futurista —con enormes rascacielos de cristal, un césped muy verde y trenes supersónicos circulando por infraestructuras elevadas entre los edificios— de no ser por sus pensiones. Y algo de razón había ahí. En 2024, el déficit de la Seguridad Social creció hasta superar los 60.000 millones de euros, según los cálculos de los economistas Jesús Fernández-Villaverde, por un lado, y Ángel de la Fuente, por otro. Simplificando mucho, porque las cuentas son engorrosas, eso significa que la Seguridad Social, cuyos ingresos provienen de las cotizaciones de los trabajadores, ingresó 60.000 millones de euros menos de los que gastó y que el Estado tuvo que transferírselos. 60.000 millones de euros que se dejaron de gastar en otras cosas. Si ahora te digo que ese año el presupuesto estatal para políticas de vivienda, el gran problema de la generación millennial, fue de 4.175 millones, quizá puedas empezar a unir los puntos...

Sistemas para pobres y para ricos

Los sistemas de pensiones de reparto, como el español, tienen su origen en la Alemania de 1889. Gobernaba el canciller Otto von Bismarck, a quien le preocupaba que se rebelaran los obreros y aumentara su apoyo al movimiento socialista. Von Bismarck quiso ganarse la lealtad de los trabajadores y las clases medias introduciendo, por paradójico que parezca, demandas socialistas. Así, creó seguros para determinadas *contingencias* —aquello que puede suceder o no— como la enfermedad, los accidentes, la discapacidad y la jubilación, porque a viejo puedes llegar o no. El sistema alemán se financiaba con las contribuciones de los trabajadores. Además, existía una relación directa entre lo que un trabajador contribuía y lo que recibía después: cuanto más cotizas, más pensión cobras, por lo que existe un incentivo para trabajar.

El sistema de reparto o *modelo Bismark* es distinto al que se puso en marcha en el Reino Unido después de la Segunda Guerra Mundial. Allí, siguiendo su tradición liberal, el economista William Henry Beveridge propuso un modelo que garantizara una pensión mínima e igual para todo el mundo. De este modo, la subsistencia de los más pobres quedaba garantizada hubieran trabajado o no. Y los ricos, para seguir siendo ricos, podían ir a su bola y hacerse planes de pensiones privados. A estos últimos, el Estado los molestaba menos, porque no tenían que cotizar tanto como en el sistema alemán.

«Mientras los sistemas *bismarckianos* o contributivos trataban de satisfacer a la clase media proporcionándole un ahorro suficiente para la vejez, los sistemas tipo Beveridge o asistenciales trataban de defender los intereses de los trabajadores más ricos y más pobres a la vez —resume el trabajo *¿Bismarck o Beveridge? El sistema de pensiones europeo*, de los economistas José Ignacio Conde-Ruiz, de la Universidad Complutense de Madrid, y Clara Isabel González, del Banco de España—. De los más pobres, pues al ser la pensión igual para todos, incluso aquellos que no hubieran contribuido mucho tenían derecho a recibir pensión. Y de los más ricos, pues al proporcionar pensiones de subsistencia, las contribuciones son menores y los trabajadores más ricos tienen margen para dedicar sus ingresos al ahorro privado.»

Cuanto más Bismark sea un país, más porcentaje de dinero público dedica a sus pensiones; cuanto más Beveridge, menos. España, como la mayoría de los países europeos de nuestro entorno —Alemania, Austria, Bélgica, Francia, Grecia, Italia, Portugal, Suecia…— está en el ala Bismarck, aunque en algunos de esos territorios se empiezan a explorar opciones complementarias. Porque… legiones de boomers jubilados que disparan el gasto hay en todas partes.

La famosa «hucha de las pensiones»

El primer seguro social se creó en España en el año 1900 e iba destinado a los accidentes de trabajo. No fue hasta 1919 cuando se instauró el Retiro Obrero, precursor de las pensiones actuales. Durante las siguientes décadas se crearon otros seguros, como el de maternidad, el de paro, el de enfermedad o el de vejez, y, en 1963 —cuando estaban naciendo los boomers—, trataron de unificarse con la aprobación de la Ley de Bases de la Seguridad Social. Ya en democracia, en 1978, se estableció un nuevo sistema de gestión y se fundaron tanto el Instituto Nacional de la Seguridad Social, para las prestaciones, como el Instituto Nacional de la Salud, que se encargó de todo lo relacionado con la sanidad hasta que las Comunidades Autónomas asumieron la competencia. Desde entonces, ha habido múltiples reformas: algunas para reducir los gastos, otras para aumentar los ingresos y otras, como el Pacto de Toledo, para poner de acuerdo a todos los *agentes políticos* y estudiar cómo mantener el sistema.

Si el *baby boom* terminó en 1977 y el *baby crash* tuvo lugar durante la década de los noventa, cuando nacimos los millennials, el hecho de que el sistema de reparto iba a terminar flaqueando era algo que se podía ver venir: solo hacía falta mirar la demografía. De hecho, la creación del mencionado pacto tuvo lugar en 1995, cuando el agua del río empezaba a sonar. Allí se dejaron por escrito una serie de recomendaciones que no se revisaron hasta 2003.

Mientras los boomers trabajaban, todo era jauja. Siendo tantos, sus cotizaciones daban de sobra para pagar las pensiones de sus padres. «No sé si has escuchado que hubo una hucha de las pensiones —dice la economista Beatriz Rosado, cuya tesis doctoral analizó la solvencia del sistema español—. Había muchísima población trabajando y no tantos jubilados, así que el dinero que sobraba se metía en una hucha.» La hucha, cuyo nombre técnico es Fondo de Reserva, llegó a máximos de ahorro en el año 2011. A partir de ese momento y debido a la crisis económica, hubo que meterle mano hasta que se quedó tiesa.

Durante los años posteriores a la crisis confluyeron dos circunstancias. En primer lugar, aumentaba el gasto medio por pensionista. No solo porque quienes se jubilaban tenían derecho a una pensión más cuantiosa, sino porque la esperanza de vida crecía: antes de la pandemia, España llegó a 83,1 años. «Hay gente que se ha jubilado con 55 años y ha fallecido con 95 —dice Rosado—. Casi estás más tiempo de jubilado que trabajando. Eso produce un desequilibrio, porque tus aportaciones a lo largo de los años no cubren lo que vas a terminar cobrando.» En el boomer *state of mind*, esto se traduciría como que ni con tus *cuarenta años cotizados* puedes pagar tu pensión.

La segunda consecuencia que trajo la crisis fue que disminuyeron los ingresos por afiliado. Aunque con el tiempo nuestro país saliera del hoyo y se creara empleo, los salarios no crecieron al mismo ritmo, así que ahora hay que pagar pensiones a más jubilados con menos trabajadores... y también pensiones más jugosas con salarios y cotizaciones más bajas. La hucha de las pensiones cumplió su papel dignamente mientras pudo, pero llegó un punto en el que no dio más de sí. Los políticos son conscientes de todo este percal. Economistas y expertos en la materia acuden periódicamente a las reuniones del Pacto de Toledo para explicárselo. La Seguridad Social, por su parte, también lo tiene claro. El Tribunal de Cuentas, el máximo órgano fiscalizador de las cuentas del sector público español, le tiene bien leída la cartilla: año tras año le recuerda su agujero, que en 2023 rozó los 100.000 millones de euros. El desequilibrio entre ingresos y gastos y la ausencia de una hucha de la que tirar provoca, como ya hemos apuntado, que el Estado tenga que inyectar dinero cada año. Lo hace en forma de préstamos y, llegado el momento, la Seguridad Social es incapaz de devolver ese dinero. De modo que, desde 2017, según los informes de dicho tribunal, está en situación de quiebra técnica, el término contable que se utiliza para las empresas que tienen más deudas que activos. El Tribunal de Cuentas ha reiterado una y otra vez que el problema de «sostenibilidad financiera» del sistema es estructural.

Yayoflautas protestones

La palabra *yayoflauta* nació en 2011, en el contexto de las manifestaciones y las protestas del 15M. Medios, políticos y detractores del movimiento empezaron a referirse a sus protagonistas como «perroflautas», jóvenes *hippies* desarrapados sin oficio ni beneficio que se quejaban por *na*. Y claro que había unos cuantos *hippies*, pero el 15M fue algo mucho más transversal, tanto que incluso participaron mayores y jubilados, que quisieron apropiarse del término y se bautizaron a sí mismos como yayoflautas.

Encarna González era una de ellas. Por aquel entonces todavía no estaba jubilada de su puesto de funcionaria en el Ayuntamiento de Málaga: tenía 59 años, nació en 1952, unos años antes de que estallara el *baby boom*. Hoy, González es portavoz de la Coordinadora Estatal por la Defensa del Sistema Público de Pensiones (COESPE), la agrupación que integra a colectivos de pensionistas de todo el país. «La creación de COESPE fue la culminación de un proceso anterior —me explica por teléfono—. Después del 15M, empezaron a surgir las plataformas de yayoflautas, las mareas... En 2017, acordamos unir a todas esas plataformas de distintas provincias en una coordinadora estatal. El objetivo es defender las condiciones de los pensionistas, el sistema público de pensiones y luchar contra su privatización.»

El descontento de los pensionistas empezó a manifestarse en 2011, y no solo por el ambiente de alzamiento quincemayista. Ese año —el más profundo de la crisis, en el que más llena estuvo la hucha de las pensiones, ¡ese en el que pasaron tantas cosas!—, el Gobierno de Zapatero firmó con la patronal y los sindicatos mayoritarios, CC.OO. y UGT, un acuerdo para reformar el sistema de pensiones. «El acuerdo elevó la edad de jubilación de 65 a 67 años de manera progresiva. También aumentaron los años de cotización necesarios para tener derecho a pensión: antes con 35 años cobrabas el cien por cien y, desde entonces, subió a 37 años. Y hubo cambios en la base reguladora: antes se cogían tus últimos quince años cotizados y con este acuerdo se pasó a tus últimos veinticinco —explica González—. Se hicieron una serie de recortes con la colaboración de las direcciones sindicales. Eso provocó la aparición de plataformas para defender las pensiones.»

Estos cambios no fueron inmediatos; de hecho, no será hasta 2027, dos años después de la publicación de este libro, cuando la edad de jubilación suba definitivamente a 67 años. La reforma de Zapatero iba orientada a dar confianza a los inversores y a la Unión Europea en plena crisis, pero principalmente a reducir el gasto de la Seguridad Social: si obligas a la gente a jubilarse más tarde, esos años que te quitas de pagarles una pensión. Quienes ya eran pensionistas en aquella época se quejaron, pero el estallido total llegó dos años después, cuando el Gobierno de Mariano Rajoy les tocó el bolsillo y decidió que las pensiones ya no se actualizarían con la inflación, sino que subirían un escueto 0,25 % anual. «Aquello indignó al colectivo pensionista —recuerda la portavoz de COESPE—. También introdujo el factor de sostenibilidad, que significaba un recorte de las pensiones en función de la esperanza de vida. Primero fue lo de los sindicatos con Zapatero y luego esto.»

La subida del 0,25 % caló sobremanera entre los jubilados, que durante los años siguientes intensificaron sus protestas. Cada año recibían una carta del Ministerio de Trabajo informando de dicha revalorización, que en sus estándares era una broma de mal gusto: una forma de tomarlos por tontos y reírse de ellos. En las manifestaciones convocadas al efecto, los participantes sacaban la dichosa carta y le prendían fuego. El movimiento alcanzó su apogeo en 2017 y 2018, primero con una gran marcha desde distintos puntos de España hasta la capital; después, con concentraciones multitudinarias, de varios miles de personas, en decenas de ciudades. Algunos de los lemas coreados, rescatados de las crónicas de entonces, fueron «No al Pacto de Toledo», «No es país para viejos» y «Rajoy, ladrón, devuélveme mi pensión». Aquellos artículos también dan cuenta del disgusto de los pensionistas por los pocos jóvenes que fueron a apoyarlos.

Pensión pública y ahorro privado

«Mientras había mucha gente trabajando y cotizando, mientras había dinero, nadie se preocupó por las pensiones. El discurso oficial, en el que participan todos los partidos, sindicatos, patronales y aseguradoras es que lleva veinte años hablándose de esto en el Pacto de Toledo. Pero como había una hucha y superávit, pues sujétame el cubata. ¿Qué pasó cuando se empezaron a jubilar los boomers? De repente, no hay pasta. Y ahora la Seguridad Social está en déficit. ¿Hasta cuándo va a seguir así?»

Javier Díaz-Giménez es profesor del IESE Business School y experto en pensiones. En su estudio más reciente (*¿Qué hay de lo mío? Las pensiones y el ahorro complementario para la jubilación en España*) analiza todos los datos que hemos dado hasta ahora: los ingresos y gastos de la Seguridad Social, la evolución de la hucha y el agujero contable. Reconoce que la contabilidad del organismo es «complicada» y sugiere que, para simplificar, convendría separar los ingresos y los gastos destinados exclusivamente a las pensiones de jubilación del resto. Porque en las nóminas de los trabajadores españoles las cotizaciones por *contingencias comunes* lo agrupan todo: las bajas por enfermedad, maternidad o paternidad, la incapacidad y la jubilación.

Díaz-Giménez se muestra muy crítico con las reformas de los últimos tiempos, igual que la economista Beatriz Rosado: «Llevamos años diciendo que lo que hay que hacer es un cambio de sistema, de gran calado, no pequeñas reformas como aumentar un par de años la edad de jubilación o introducir el mecanismo de equidad intergeneracional —afirma—. Lo que sucede es que el coste político es muy alto, así que se hacen lavados de cara. Pero el problema está ahí, ha estado antes y va a seguir estando. El sistema ya no es sostenible y, si lo mantenemos como está, no lo va a volver a ser».

Ambos abogan por combinar sistemas: el de reparto y el de capitalización. ¿Qué es la capitalización? Básicamente, ahorrar una parte de tu salario para, en el futuro, complementarlo con la pensión pública. «Soy fiel a la idea del sistema de reparto, pero creo que hay que modificarlo —añade Rosado—. En Suecia, puedes decidir llevar una parte del porcentaje de tu salario destinado a cotizar para la pensión a una pequeña hucha que gestiona el Estado.» Según él, los mejores sistemas —Suecia y Holanda— combinan ambos modelos. El reparto es vulnerable a los cambios demográficos; la capitalización, el ahorro individual, podría no ser suficiente para llevar una vida digna al dejar de trabajar. Con una mezcla de ambos, se repartirían los riesgos: «Los sistemas mixtos pagan las rentas vitalicias solidarias del reparto y las complementan con los fondos diversificados privados de la capitalización —considera—. Pueden ser todo lo solidarios que la sociedad quiera que sean, pero sin estar tan expuestos, como los sistemas de reparto puros, a los riesgos demográficos y económicos locales». Para los colectivos de pensionistas, esta mezcla supondría abrir la puerta a la privatización de las pensiones (igual que abrir la puerta a la colaboración público-privada ha disparado los seguros sanitarios). En España, el sistema de pensiones público es tan generoso que apenas un 15 % de la población dispone de plan de pensiones privado.

Las reformas aprobadas durante la crisis se orientaron a reducir los gastos. Te jubilas más tarde, así que te pago menos años de pensión. Tengo en cuenta tus cotizaciones de los últimos veinticinco años, y no de los últimos quince, porque —en teoría— cuanto mayor, eres más ganas, así que se reduce la cantidad que te voy a pagar. Elimino la subida anual en base a la inflación y la dejo en un pequeño e indignante 0,25 %. También se han introducido incentivos a la jubilación demorada (jubilarse más tarde), a la jubilación activa (jubilarse y seguir trabajando para complementar sueldo y pensión) y a la jubilación parcial (combinar trabajo a tiempo parcial con pensión). «Al final, todo ha ido a activar la misma palanca —dice Giménez-Díaz—: cuándo se jubila la gente.»

En los últimos años, sin embargo, ha habido un cambio de tendencia. Entre 2021 y 2023, durante la segunda legislatura de Pedro Sánchez —cuando gobernaba el PSOE en coalición con Podemos— se introdujeron modificaciones orientadas a aumentar los ingresos. El Mecanismo de Equidad Intergeneracional (MEI) con el que abría este capítulo, ese que quitó diez euros mensuales a la nómina de Elena, es la principal medida en esta línea. Lo siguen el aumento de las bases máximas de cotización (los trabajadores que más ganan cotizan más que antes) y la cuota de solidaridad, una cotización extra para los salarios superiores a 59.000 euros anuales.

No es que estas medidas se complementaran con otras destinadas a reducir los gastos. Más bien todo lo contrario. El Gobierno socialista eliminó el factor de sostenibilidad, que recortaba las pensiones en función de la esperanza de vida, y recuperó su actualización en base a la inflación. Así, en 2022, las pensiones se revalorizaron un 2,5 %; en 2023, un 8,5 %; en 2024, un 3,8 %, y, en 2025, un 2,8 %.

¿Compensa el aumento de la recaudación semejante aumento de los gastos? Pues resulta que no. Se suponía que la Seguridad Social tenía que hacer ajustes para ir reduciendo su déficit, pero las últimas reformas van por el camino contrario. Así lo dejó dicho la Autoridad Independiente de Responsabilidad Fiscal (AIReF) en su primer examen sobre la sostenibilidad de las pensiones, un ejercicio que debe realizar cada tres años desde 2020. Con las últimas reformas, la generosidad de las pensiones españolas —entendida como la ratio de la pensión media sobre el salario medio— se ha disparado hasta ser la más alta de Europa. La pensión media crece más deprisa que el salario medio. Las pensiones de los boomers que se jubilan ahora no solo seguirán aumentando porque parten de buenas carreras laborales, sino que se revalorizarán en función de la inflación. El coste lo soportarán los trabajadores en activo y toda la ciudadanía, porque el Estado tendrá que seguir cubriendo la parte que no llega.

Los jubilados salen ganando de la crisis

Los jóvenes que en el 15M se manifestaron porque no iban a tener casa en su «puta vida» seguramente sigan sin ella. Y si consiguieron comprarla no fue por dos almendras. Igual han encontrado curro e incluso —gracias a la última reforma laboral— puede que no hayan entrado en el bucle de los contratos temporales, como sucedía durante la crisis. Lo que es seguro es que, entre la subida de los precios del alquiler y de todo lo demás —debido a la guerra de Ucrania llevamos unos años de *espiral inflacionista*—, han perdido poder adquisitivo.

Y, desde luego, han perdido riqueza con respecto a cómo estaban los de su edad antes de la crisis de 2008, antes de que todo saltara por los aires.

En cambio, los yayoflautas que protestaron durante años contra los recortes en las pensiones consiguieron que el nuevo Gobierno satisficiera sus demandas y las volviera a vincular a la inflación. De modo que los boomers que ahora empiezan a jubilarse llegan con esa batalla ganada, con el mantenimiento de su poder adquisitivo garantizado en su pensión. Y, además, los pisos que compraron por pocas almendras continúan aumentando de valor. Jubilados y boomers son, por grupos de edad, los ganadores de la crisis. Por eso, su riqueza aumenta mientras la del resto de las edades disminuye.

13
BOOMERS DESPUÉS DE LA MUERTE

Son poco más de 2.500 personas las que viven en Valderrobres, capital de la comarca turolense del Matarraña, al este de Aragón y casi lindando con Cataluña. Annabel, 31 años, es una de ellas. Trabaja como periodista autónoma e ingresa alrededor de 12.000 euros al año. «Puedo vivir de lo que me gusta, pero no puedo comprar una vivienda ni nada por el estilo. Mi única expectativa es heredar esta casa», dice. Esta casa es el bajo anexo al negocio familiar, una tienda de electrodomésticos y reparación, que sus padres compraron cuando eran jóvenes y pagaron con una hipoteca «a diez o a quince años», como se hacía antes, como pudieron hacer los boomers cuando eran jóvenes sin necesidad de partirse el lomo porque las condiciones laborales y del mercado inmobiliario lo permitían. Una vez pagada, sus padres compraron otro bajo. Y, además, heredaron las casas de los abuelos de Annabel, que fueron los primeros en convertirse en propietarios dentro de sus familias. «A la larga —observa—, la generación de mis padres ha podido tener varias propiedades.» Para la suya, sin embargo, «se ha cortado cualquier atisbo de esperanza, de posibilidad, de un imaginario donde puedas acceder a una vivienda propia».

Annabel es una de las muchas millennials españolas que mantienen una relación inmobiliaria con sus padres. En este caso, no paga alquiler, solo los gastos, que son ínfimos. Cuenta que el único inconveniente es que no puede hacer obra ni adaptar la casa a su gusto, porque todo debe pasar por el criterio familiar y eso es complicado. Pero el resto son ventajas. Annabel vivió en Madrid, en Barcelona, en Toulouse, en Tesalónica y en Bruselas antes de volver a su pueblo, y pudo volver porque disponía de esa casa en la que vivir de gratis. Tener un sitio donde caerse muerta le permite dedicarse profesionalmente *a lo suyo*, algo que ya sabemos que valora mucho, tal vez demasiado, nuestra generación. Saber que terminará heredando la vivienda, porque su hermano no pone pegas y porque vive en el mismo régimen —de prestado— en la casa de sus suegros, le da cierta tranquilidad hacia el futuro. Que el resto de las propiedades familiares, tierras fértiles y laborables, vayan a tener que dividirse solo entre dos personas cuando fallezcan sus padres es un plus añadido. «El problema de la vivienda rural es que tiene muchos herederos, pero yo tengo la suerte de que solo tengo un hermano, así que la herencia se va a repartir entre menos manos

—dice—. Las familias rurales son cada vez más pequeñas, así que es un problemilla que en pocos años se va a diluir.»

Annabel dice que tiene «suerte». Y demasiados otros millennials y zetas con relaciones paterno-inmobiliarias se consideran a sí mismos «unos privilegiados». Tú fíjate: hay gente de más de treinta años, con trabajo estable y a la que ya le han salido canas, pagando a sus padres un alquiler cercano al precio de mercado que considera que vive en el privilegio. ¡Y es muy lógico! La opción alternativa es navegar la jungla del inquilinato y vivir permanentemente con la angustia de que cualquier día te pueden echar. «Todas mis amigas que viven de alquiler piensan: "Me quedan dos años para que se me cumpla el contrato, me van a duplicar el precio seguro, ¿qué hago?" —cuenta Ana, una madrileña de 32 años cuyos padres le alquilan el piso junto a una compañera—. En ese sentido, yo estoy tranquila.»

Vivir de prestado. Vivir pagando un alquiler a tus padres. Vivir pagando un alquiler a tus padres aunque ellos no necesiten el dinero, pero te hacen transferir esa mensualidad a una cuenta de ahorro para usarla en el futuro y para que tengas muy claro lo que cuesta la existencia. Vivir devolviendo un préstamo sin intereses a tus padres porque has necesitado su dinero para la entrada del piso o para la reforma posterior. Vivir en el piso que compraron tus padres para ti cuando ya tenían pagado el suyo, porque podían. Vivir con ellos sin pagar nada, a tus treinta y pico largos, mientras ahorras para esa entrada inalcanzable, que cada día que pasa necesita ser más grande porque los precios de los pisos no paran de subir.

A diferencia de la situación que vivieron los boomers, propietarios o multipropietarios en el mejor de los casos, a sus hijos se les ha puesto complicado lo de comprar. Los precios de la vivienda han aumentado un 66 % de media desde 2013, cuando tocaron suelo con la crisis. Y los sueldos solo se han incrementado un 22 % en el mismo período. Por si todo eso fuera poco, los reguladores internacionales decidieron que, para evitar otra crisis como la de 2008, la banca debía exigir mayores garantías a la hora de conceder hipotecas. Y ahí fue cuando empezaron a pedir el 20 % de entrada, una cantidad que, si se suma a los impuestos, se eleva casi al 30 % dependiendo de la Comunidad Autónoma. El acceso a la vivienda se ha cerrado en banda para millennials y posteriores. Y la herencia que puedan dejarles sus padres, ya sea en vida o después de la muerte, es la que determinará lo ricos o pobres que serán en el futuro.

La herencia rural

Los pueblecitos que forman la comarca aragonesa del Matarraña son una belleza: pequeños, de calles estrechas, con casas de piedra centenarias y rodeados de fincas de almendros y olivos. Es un entorno rural que, como todos, pierde población desde mediados del siglo pasado, cuando sus habitantes emigraron a las provincias industriales cercanas, especialmente a Barcelona. Pero que ahora no haya mucha gente no significa que sobren viviendas por doquier y ni mucho menos que estas sean baratas y puedan llegar jóvenes hastiados de la vida urbanita para poblarlas. Allí, como en otros pueblos, se cruzan dos fenómenos: la vivienda rural y sus particulares obstáculos, que no son pocos, y el auge del turismo —¡ah, siempre el turismo!—, que *revitaliza* pero compite con quienes quieren vivir allí.

Conocí a Annabel en 2020, cuando preparé un reportaje sobre vivienda rural para la revista *Salvaje*, de la que ella es editora. Por aquel entonces aún sobrevolaba la cifra de los más de tres millones de viviendas vacías en España, que durante años los movimientos por la vivienda usaron para protestar contra los desahucios y señalar la incongruencia de que hubiera tantas casas sin gente al mismo tiempo que tanta gente sin casa. El censo de 2011 —los últimos datos disponibles que había en ese momento— no llegaba a identificar el porcentaje de viviendas vacías en cada municipio, pero ya había estimaciones que decían que el 70 % de estas se encontraban en entornos rurales y no en grandes ciudades, donde la gente tiende a ir a vivir. El censo de 2021 confirmó que casi la mitad de las viviendas vacías de España están en municipios pequeños de menos de diez mil habitantes, siendo Galicia, Castilla-La Mancha y Castilla y León las Comunidades con más casas deshabitadas.

A raíz de aquel reportaje, entendimos que el problema de la vivienda rural era el abandono. Que muchas propiedades pertenecen a varios herederos (boomers y padres de boomers) que prefieren tenerlas vacías antes que ponerse de acuerdo y venderlas o que las sacan a precios de chaladura porque quieren repartirse el dinero entre todos. Que suelen necesitar grandes reformas. Y que en algunos pueblos empezaban a utilizarse soluciones radicales, como la expropiación. «La vivienda es un bien público —me contó Virginia Hernández, una millennial que entonces tenía 30 años y era alcaldesa en San Pelayo, un pueblo de Valladolid—. Igual que el Ministerio de Fomento expropia para hacer carreteras porque se entiende que las usará toda la sociedad, es importante que la gente se quede en los pueblos, que custodie el territorio y que el Estado garantice que puede vivir. Es doloroso saber que hay gente que quiere vivir en el pueblo y no tiene dónde, porque hay quien no se hace cargo de sus propiedades.»

Cinco años después, Annabel le pone rostro a aquel reportaje que ella misma editó. «La mayoría de los jóvenes que nos hemos quedado en la comarca lo hemos hecho porque tenemos familiares directos o indirectos que nos dejan una propiedad. Aquí nadie se puede comprar una casa: son carísimas por el turismo —dice—. Y no hay nada para alquilar: o son casas viejas en las que hay que invertir a lo grande o se destinan al uso turístico. Competimos contra los turistas.» Además de turística, la comarca del Matarraña es una zona agrícola, con huertas que antaño trabajaban los *masovers* a cambio de vivir en la masía (ahora trabajamos para pagar el alquiler al casero, lo cual no es tan distinto). Cuenta Annabel que, más que las dos casas familiares, lo realmente jugoso de su herencia serán las tierras que actualmente trabaja su padre. «Cuando el negocio de electrodomésticos no ha tirado, los olivos y los almendros han sido un colchón —dice—. La tierra es lo que ha hecho que ellos se queden aquí.»

Millénnial Millénniez terminará siendo rico

La mayoría de los millennials no tiene aún casa propia y lo pasa regulín para pagar el alquiler. Pero su (nuestra) generación será la gran beneficiada en términos de herencias. Vamos a heredar más que los boomers por dos sencillas razones: la primera, que somos menos; la segunda, que hay más que repartir.

«Los milllennials vais a heredar de la generación más rica —dice el economista Daniel Manzano, socio director de Analistas Financieros Internacionales (Afi) y director del estudio *Demografía, vivienda y brechas de riqueza*, que analizó qué efectos tendrán las herencias en España en las próximas décadas—. Y vais a heredar mucho per cápita, porque sois muy pocos comparados con la generación que transmite la herencia.» Los boomers nacieron en familias numerosas y ellos, en cambio, solo fueron a por la parejita. Sus padres ya tuvieron acceso a la vivienda —fue cuando el franquismo quiso convertir a todos los españoles en propietarios— que ellos heredan ahora y han de repartir entre varios hermanos. Según los cálculos de Manzano, los boomers van a estar recibiendo herencias hasta el año 2042. Y de media van a recibir 177.000 euros cada uno. A partir de ese año nos empezarán a llover las herencias a los millennials, a una media de 250.000 euros por cabeza. Y esto sin tener en cuenta la posible revalorización de la riqueza de los hogares, que ya sabemos que se compone esencialmente del patrimonio inmobiliario. Y *la vivienda siempre sube*. En caso de tener en cuenta la revalorización, la herencia media ascendería a 300.000 euros por millennial.

Sobre el impacto de las herencias de los boomers no hay demasiados estudios, al menos por ahora. Antes de que se publicara el citado informe de Afi, salieron datos en el Reino Unido que apuntaban en la misma dirección: los millennials van a heredar más que sus padres y eso va a provocar grandes desigualdades entre ellos. Un artículo publicado en *Financial Times* bajo el título «Forget boomers vs millennials, the next conflict is millennial vs each other» («Olvídate de los boomers versus millennials, el próximo conflicto es el de los millennials contra sí mismos») señaló que el millennial medio —¿Milénial Miléniez?— no tiene nada de riqueza inmobiliaria acumulada, pero que la riqueza del 10 % más rico de su generación está despuntando.

Algo parecido pasa en España: prácticamente todos los millennials son más pobres que sus padres a su edad, pero los millennials del 10 % más adinerado son más ricos de lo que eran sus padres. Y eso se debe fundamentalmente al papel de las herencias, también de las recibidas en vida. La conclusión principal del estudio español es que el trasvase de riqueza generacional será «un factor amplificador del grado de desigualdad». El que tenga padres que hayan acumulado dinero y pisos será más rico que el que no, independientemente de cuánto se lo curre. Y el que sea hijo único, igual.

Herencias en vida

Milénial Miléniez I trabaja en un periódico digital de Madrid. Tiene 33 años, que ya son unos cuantos, pero entre que los sueldos del sector son más bien irrisorios y que el alquiler no le deja mucho margen para ahorrar, espera viendo la vida pasar a que su madre herede el piso de su abuela y de ahí pueda sacar algo. A su lado, a Milénial Miléniez II, que cobra menos, sus padres le han dejado dinero para la entrada de un pisito. La hipoteca le cuesta menos que al primero el alquiler, así que a lo tonto el sueldo le rinde más. Y duerme tranquilo.

El hecho de que ante una situación laboral similar un millennial pueda acceder a una hipoteca —y otro no— muestra hasta qué punto es relevante en este momento de la vida lo que haya acumulado su familia, cuántos hermanos tenga y de qué salud gocen sus padres. Cuanto más sanos estén, más tardarán en morirse, más patrimonio se irá en sus cuidados y más tardará en trincar. ¿Los méritos propios? ¿La cultura del si estudias y te esfuerzas mucho te irá fenomenal? ¿Eso qué es? Para hacer este último capítulo, a través de Instagram pregunté por gente que tuviera una relación inmobiliaria con sus padres. Y salieron casos a patadas. Hay tres historias habituales: recibir dinero para una entrada en forma de préstamo o donación, habitar un piso familiar pagando alquiler, o no, y vivir en *casa padres* para ahorrar.

Mónica, de 37 años, transfiere todos los meses 250 euros a su madre en concepto del préstamo que le hizo para la entrada. Fueron 25.000 euros. Fue un préstamo y no una donación, porque la madre no consideraba justo dejar dinero a Mónica y no a su hermana, mayor que ella, que no necesitó dinero para la entrada de su piso. La Comunidad de Madrid, en la que vive, está al tanto del contrato privado entre ambas. Mónica tiene la obligación legal de devolverlo, porque si no sería considerado una donación encubierta por la que tendría que pagar impuestos. Incluso si su madre fallece debe pagar a su hermana la mitad de lo que le quede.

Marcos, de 35 años, vivió dos años en un piso familiar heredado de sus bisabuelos. No pagó alquiler para poder ahorrar, pero ni con esas: cuando fue a comprar un piso con su pareja, necesitó una donación para hacer la reforma, porque sus ahorros solo le llegaban para la entrada. En Comunidades como Madrid, Extremadura y Baleares, las donaciones de padres a hijos para comprar una vivienda habitual están exentas de pagar impuestos. En Andalucía, Aragón, Asturias, Canarias, Castilla y León, Cataluña, Galicia y La Rioja también hay exenciones, en muchos casos condicionadas a que los hijos sean aún menores de 35 años. La idea es fomentar la compra de vivienda entre los jóvenes, pero, claro, para eso hay que tener unos padres con dinero. Y si los padres no lo tienen en mano, hay otra opción: que ellos pidan un préstamo al banco. Es lo que hizo Beatriz, quien, aunque tenía algunos ahorros, recibió de sus padres todo el dinero necesario para dar una entrada y no quedarse a cero euros.

«Ellos pidieron un préstamo personal y les pago la letra yo —cuenta—. El banco no me daba préstamo e hipoteca, por eso lo hicimos así. Hablamos de que me iban a regalar una parte, pero no han vuelto a sacar el tema, y yo me quedo más tranquila si se lo devuelvo todo.» También lo oficializó en forma de préstamo privado familiar.

«El préstamo de padres a hijos sin intereses es muy habitual —dice Rafa Sanz, profesor de Derecho Tributario en la UNED—. No hace falta ir al notario: se hace un documento privado y se declara en el impuesto de transmisiones patrimoniales onerosas, que gestiona cada Comunidad Autónoma. Pero está exento, así que no pagas nada. En el IRPF, los padres solo tributarían si hubiera intereses, pero, como no los hay, no pagan nada. Es una forma de prestar dinero sin que haya ningún tipo de repercusión fiscal.»

Tus padres son tus caseros

Casi la mitad de los hogares españoles tienen otras propiedades inmobiliarias además de su vivienda principal. Es un porcentaje que ha aumentado mucho en las dos últimas décadas: en 2002, solo eran el 30 %. Y, una vez más, tiene un claro sesgo de clase y generacional. Cuanto más rico es un hogar, más posibilidades hay de que tenga diversas propiedades. Y cuanto mayor en edad, también. A partir de los 55 años de edad, se dispara el porcentaje de familias con más de una, según el Banco de España. Pueden ser locales, garajes o terrenos. Y pueden ser, como he encontrado hablando con decenas de millennials, viviendas que los padres boomers heredaron o compraron como inversión y que no alquilan a terceros, sino a sus hijos.

Vamos con la historia de Daniel, que tiene 37 años y es el único inquilino al que quieren sus padres para su casita en Los Barrios, un municipio al norte de Algeciras. «Mis padres nunca han sido fans del alquiler —cuenta—. Siempre han sido de propiedad. Yo recuerdo a mi madre decir lo típico de que alquilar es tirar el dinero, porque le das dinero a un casero y acabas con nada.» Esa mentalidad tan española los llevó a tener el primer piso que compraron, en Algeciras, que alquilaron solo durante dos años y dejaron vacío después. «Tuvieron problemas con los inquilinos y al final decidieron desprenderse de él.» Para entonces, cuando Daniel era pequeño, ya habían comprado la casa de Los Barrios, más apartado del meollo urbano y más saludable para criar a un niño. Y en un momento dado volvieron a adquirir una propiedad en el centro de Algeciras con el objetivo de mudarse cuando fueran mayores. Daniel no había cumplido aún los 18 y sus padres, estibador y monitora escolar en un colegio, habían accedido a tres viviendas en propiedad. Los padres se mudaron al piso, la casa se quedó vacía y, cuando él terminó de estudiar, se mudó allí con su pareja. Tuvieron dos niñas y siguen sin perspectivas de abandonarla. Con lo que ahorran —porque no pagan nada de alquiler—, pretenden reformarla y, en un futuro, heredarla. La idea es que su hermano, que tiene 31 y pudo meterse en una hipoteca, herede el piso.

«Soy consciente, y mis padres me lo han hecho saber, de la suerte y el privilegio que tengo —reconoce Daniel—. Puedo decir que me va muy bien en la vida y no es solo porque me lo haya currado. Sé que las facilidades no me las ha dado el Espíritu Santo. Mi padre nos lo ha inculcado a mi hermano y a mí y creo que eso nos hace tener los pies en la tierra.» A diferencia de los millennials con los que hablé, que no paran de mencionar su privilegio, es muy complicado encontrar a un boomer que reconozca que sus facilidades sí se las dio un poco el Espíritu Santo en forma de crecimiento económico y pisos baratos. A ellos les gusta más mencionar los sacrificios que hicieron durante su juventud y su mediana edad.

La relación entre hijos inquilinos y padres caseros cambia ligeramente cuando se trata de una gran ciudad. En ellas, la dinámica es distinta: no son casas que compense tener vacías ni abandonadas —las reformas para fines turísticos o se mueren del asco—, son pisos de los que se puede sacar rentabilidad, porque en las ciudades hasta un zulo con la cama pegada a la ducha y el inodoro frente a la nevera se alquila (para más datos, revisar la cuenta de @elzulista en X). Por eso, en muchos casos, el millennial se convierte en el inquilino de sus padres: porque, ya que le hacen el favor de no alquilárselo a otro y de no echarle al finalizar el contrato, algo tendrá que pagar.

«Mis caseros son mis padres —dice Alicia, de 36 años—. Les pago 300 euros, como un alquiler social. El piso era de mi abuelo y lo tenían alquilado. Yo quería independizarme y esta fue la forma de hacerlo. La vivienda es *de aquella manera,* pero la pela es la pela.» Alicia tiene firmado un contrato con sus padres, pero con un precio superior al real: si en el contrato pusiera que paga tan poco, podría verse como una donación encubierta y habría problemas con Hacienda. «O, como mínimo, como una operación mixta: te vendo por cuarenta algo que vale cien, así que te estoy donando los otros sesenta —valora Rafa Sanz, profesor de Derecho Tributario en la UNED, mencionado unos párrafos atrás—. El riesgo existe, pero depende de cuánto controle eso la Administración Autonómica correspondiente.»

Álex, de 33 años, lleva tres años viviendo en un piso de Madrid que sus padres compraron en 2004 cerca del parque de El Retiro y que tuvieron alquilado unos años porque toda su vida han vivido en un pueblo al sur de la región. A su hermana la ayudaron con la entrada de la hipoteca, así que a él —«el hijo pobre»— le permiten usar esa vivienda a razón de 850 euros al mes, que no es que sea precio de mercado, pero tampoco es que esté *regalao*. El pacto al que llegaron fue el siguiente: «El dinero se va metiendo en una cuenta de ahorros que, espero, en algún momento tenga dinero suficiente, o bien para la entrada de la hipoteca o bien para pagar los gastos del traspaso de escrituras». Llegado el momento, ¿sus padres le venderían ese piso a precio de mercado? «Eso aún no está planteado —responde—. Pero no, no sería a precio de mercado. La idea es que ese dinero esté ahí hasta que, por circunstancias de la vida, tenga que comprarlo y hacerlo realmente mío. Porque me case o porque a ellos les pase algo, que ojalá que no.» No es que sus padres le impusieran estas condiciones, sino que llegaron al acuerdo juntos: «Al principio, el hecho de que mis padres tengan un piso en Madrid me hacía sentir que me estaba aprovechando de un privilegio. Y, evidentemente, ellos quieren que ahorre. Pero la renta ha ido aumentando en base a los incrementos de mi salario».

Ana, de 31 años, vive con una amiga en el piso que su padre habitó cuando era joven. «Mi padre estudió Medicina en Granada y vino a hacer la residencia a Madrid. A modo de inversión, mis abuelos decidieron comprarle este piso, cerca del hospital Gregorio Marañón y bien comunicado con la estación de Atocha —cuenta—. Él vivió aquí hasta que conoció a mi madre, tuvieron a mi hermana y se mudaron a otra casa. Y lo han alquilado desde entonces.»

Ana vivía de alquiler, pero tuvo que dejar el piso en el que estaba. Tal y como están las cosas —fatales, imposibles, catastróficas—, su única opción fue volver con sus padres o que estos rescindieran el contrato a sus inquilinos y ella se instalara ahí. Junto a su amiga paga 1.200 euros, aunque el piso podría alquilarse fácilmente por 1.600. «No me lo están regalando», reconoce. A su vez, su hermana vive en otro piso que los padres compraron en 2018: «La hipoteca de ese piso es muy alta porque lo compraron cuando mi padre era ya mayor y los bancos no te dejan alargarla muchos años. Al principio, nuestros alquileres iban destinados a pagar esa letra; después, decidieron meterlos en una cuenta de ahorro a modo de hucha, por si ellos lo necesitan algún día, si hace falta contratar a cuidadores... Y también para que veamos que la vida no es gratis». Que *la vida no sea gratis* es otra variación de *la vivienda hay que ganársela*, tan transversal en el boomer *state of mind.*

Vivir con tus padres para ahorrar

La tercera modalidad típica de relación paterno-inmobiliaria es la más desoladora, porque implica vivir en casa de tus padres —quizá dormir aún en tu cama nido, con los peluches que tenías de pequeño descansando sobre el mueble juvenil, y tener que buscarte ligues que posean casa propia— para no pagar alquiler. Ya todo vale en este caos. Miguel es ingeniero, tiene 35 años y con siete menos se fue a Málaga a trabajar. Allí vivió independizado. Cuando volvió a Madrid, creyó que contaba con el dinero ahorrado suficiente para dar una entrada. Sin embargo, cómo estaría la cosa que lleva más de un año viviendo con sus padres... Y la situación solo va a peor: «Me siento como si hubiera vuelto a la universidad. Cuanto más espero, más chungos son los pisos que aparecen en Idealista con mis límites de precio —dice angustiado—. Cuando empecé a mirar, encontraba alguna opción que no me cuadraba mucho, pero tampoco se me caía el alma a los pies. Si lo llego a saber, habría cogido el primer piso que vi».

A María, de 36 años, le pasó algo similar: después de unos años viviendo con su pareja, quiso alquilar por su cuenta y, sencillamente, no pudo, por lo que volvió a casa de su madre. Apenas había pisos por debajo de 850 euros y cualquier casero la descartaba por estar sola y sin pareja, porque dos sueldos siempre son mejor que uno para el mercado rentista que dispone de un bien de primera necesidad. Así que se vio alargando la estancia en la casa materna hasta conseguir reunir lo necesario para la entrada de un piso baratito: obligada a comprar, *privilegiada* por poder vivir bajo un techo gratuito para ahorrar.

Y Elisa pasa ya la línea de la juventud de la mediana edad, pero ahí sigue. «He vivido en Barcelona muchos años, en piso compartido, sola y con mi ex. Pagando alquiler. Volví a *casa padres*, en Sagunto, al no encontrar trabajo ni alquiler en Barcelona —relata—. Después, estuve unos meses en Londres y Canadá como *freelance*, haciendo malabares y tirando de ahorros para vivir. Finalmente, volví a *casa padres*, trabajé por cuenta ajena, la empresa cerró, nos echaron a todos y aquí estoy ahora, estudiando oposiciones mientras hago algún trabajito. Me he recuperado económicamente, pero he tenido que volver a vivir con mis padres con cuarenta años.»

Edu, de 33 años, también ha vivido fuera de casa dos veces: primero con pareja y después solo. Y las dos veces ha vuelto por motivos económicos. Terminó presentándose a las oposiciones de Metro de Madrid, sacó plaza y, ahora que tiene un sueldo holgado, ha decidido quedarse con su familia para ahorrar compulsivamente durante dos años y, finalmente, poder comprar. Confía en que si necesita más dinero se lo presten sus padres, sobre todo, porque han recibido en herencia un piso céntrico enorme que pueden colocar por varios cientos de miles de euros. Hasta entonces, al menos le han dado potestad para vaciarlo, vender los muebles y todos los objetos antiguos, libros, filatelia, monedas y bisutería que guardaba su abuela para sacarse un dinerillo en Wallapop.

Un estado de bienestar muy particular

Durante todos estos capítulos, hemos hablado largo y tendido del estado de bienestar, cuyas bases se sentaron durante la juventud de los boomers. La generación del *baby boom* no solo fue la primera que pudo beneficiarse de él, sino que participó de su creación gracias a la ingente cantidad de plazas que había que cubrir para crear los sistemas públicos de sanidad y educación. Además de la sanidad y la educación, se considera que las pensiones públicas y, más recientemente, los servicios sociales y la atención a la dependencia, son el tercer y cuarto pilar que lo sustentan. Si estás un poco al día de la política, recientemente habrás oído hablar de la vivienda como quinto pilar. En ello andan las Administraciones, aunque las cosas de palacio —qué te voy a contar— van despacio, el presupuesto es limitado (revisar la comparativa con el presupuesto para pensiones en el capítulo dedicado al efecto) y seguimos muy en manos del mercado.

El estado de bienestar español es muy particular: tanto, que el sociólogo danés Gøsta Esping-Andersen, el gran estudioso de la materia a nivel internacional, tuvo que dedicarle una categoría propia porque no le encajaba en ninguna de las demás. Esping-Andersen clasificó los estados de bienestar en tres tipos. El primero es el socialdemócrata y se da en los países nórdicos, en Suecia, Noruega, Dinamarca y Finlandia: es universalista y el Estado ejerce de principal proveedor. El segundo es el liberal, característico de Estados Unidos y el Reino Unido, países en los que manda el mercado y la protección social es mínima. El tercero es el conservador-corporativista, típico de Francia, Alemania y Austria: el estado de bienestar es fuerte, pero se mantiene la estructura familiar. Y esa era la clasificación original hasta que tanto otros académicos como él se dieron cuenta de que había un cuarto modelo: el familista, del sur de Europa, caracterizado por el fuerte papel que juega la familia.

En países como España, Italia o Grecia, el Estado externaliza la protección social a las familias y la solidaridad intergeneracional a la transferencia de bienes y patrimonio. Los abuelos cuidan a los nietos después del colegio y en vacaciones, y sus pensiones, cuando vienen mal dadas, mantienen a familias enteras, un argumento que se usa para defender que nada cambie en el sistema.

Por su parte, la vivienda en propiedad y las herencias funcionan como el sostén que no ofrece lo público. Si el sueldo no te da para tener una casa, todas las casas están en manos del mercado, el mercado está completamente roto, y que tú tengas un techo es su última preocupación, no te queda otra que tirar de lo que te dejen tus padres.

Hijos vagos

Recordemos: a Milénial Miléniez II le dieron dinero para una entrada y pudo pedir una hipoteca, que paga mes a mes sintiéndose por ello privilegiadísimo, porque, claro, ni le van a echar, ni está *tirando el dinero* en un alquiler. Pero es que a Milénial Miléniez III le han dejado semejante casoplón que puede elegir desde compartirlo y ganar dinero con él hasta venderlo y, simplemente, no volver a trabajar. O trabajar lo justo, como esos pijos con pinta de no dar un palo al agua que salen a veces por la tele y dicen que dedican el día a día a hacer «sus gestiones». Aunque las herencias han sido históricamente relevantes en todo Occidente y un enorme motor de desigualdad, en este preciso momento son el elemento que marca hacia dónde vamos como sociedad. Hay otro dato destacable en este asunto, y es que una de cada cinco viviendas en España se adquiere ya por herencia, cuando antes de la crisis era una de cada diez. Cuando lo comenté con Luis Ayuso —catedrático de Sociología en la Universidad de Málaga y autor de un estudio pionero sobre herencias en nuestro país—

para un reportaje (porque, quizá más que los boomers, me obsesiona su legado), mencionó que el gran peligro de todo esto es que puede dar lugar a una generación de vagos. «La primera Constitución de Estados Unidos decía que el Estado tenía que vigilar a los grandes propietarios y el sistema de herencias, porque eso puede hacer hijos vagos —me dijo—. El modelo de sociedad moderna promueve que la gente se esfuerce, que ocupe un lugar en base a sus méritos. Si eres hijo único y heredas un piso en Madrid, igual no tienes que trabajar.»

Los boomers no tienen la culpa de ser boomers ni de haber crecido en el lugar adecuado en el momento adecuado. Tampoco tienen la culpa de ser tantos, ni de manejar hábitos tan saludables que los vayan a hacer casi inmortales. La cuestión es hasta qué punto su existencia y sus decisiones políticas —a través de su voto— nos conducen a una España con nuevos ejes de desigualdad: el generacional, porque los mayores son más ricos que los jóvenes, y el de clase, porque los millennials que hereden serán más ricos que el resto. De momento, y como hemos visto a través de este viaje (que espero que no haya sido muy chapa), la acción política se orienta a no molestar demasiado al «pequeño propietario», que es más adinerado y mayor que el inquilino, y a mantener el poder adquisitivo de los jubilados a través de las pensiones, para lo cual se detraen recursos de partidas que podrían ir a la siguiente generación. Habrá que esperar entre veinte y treinta años para que la pirámide demográfica se distensione y podamos escribir otro libro sobre el efecto que provocó aquel *baby boom*.

Cuando mi madre, que siempre me lee con amor de madre, leyó un primer borrador del manuscrito de este libro, dijo: «Vamos, que la conclusión es que nos vayamos muriendo, ¿no?».

NOTA DE LA AUTORA

Terminé de escribir este libro en mayo de 2025. Lo había empezado seis meses antes, justo después de que un boomer me despidiera del periódico en el que trabajaba, pero también después de recibir un e-mail que me animaba a dar vida a un proyecto así. Ese e-mail era de Andrea Bescós, mi editora, y llegó en el momento oportuno: gracias, querida, porque llevaba años negándome a escribir un libro y al final ha sido una experiencia muy divertida.

Abordé el tema de la única manera que sé: hablando con muchísima gente. Tanto con boomers como con expertos en distintas áreas, desde la demografía y la natalidad hasta la vivienda, pasando por el consumo, la política, la sociología, la historia económica y laboral de España, el sistema de pensiones o las herencias, por nombrar algunas. He entrevistado a cerca de cincuenta personas, la mayor parte de ellas cara a cara y unas pocas por teléfono o por videollamada. En realidad, el asunto de los boomers ya lo había tratado en varios reportajes previos. Por ejemplo, en uno sobre la brecha con los millennials, en otro sobre cómo los boomers están disparando el gasto en ocio y en otro sobre los efectos de su legado. Y también llevo ocho años escribiendo acerca de la vivienda, el elemento que vertebra la desigualdad generacional en nuestro país. Parte del material que aparece en el libro procede de todo lo que he aprendido durante este tiempo. También hice un llamamiento pidiendo testimonios en Instagram al que contestaron decenas de millennials.

A todos los que me habéis dedicado un ratito de vuestro tiempo, a quienes me habéis abierto la puerta de vuestra casa y me habéis contado vuestra vida: gracias eternas, porque sin vosotros este libro no existiría.

Además, para que no me quedara un tratado muy madrileñocéntrico, viajé un poquito por España, en concreto, por Cataluña, Asturias, la Comunidad Valenciana y Castilla-La Mancha. Gracias a Rafa y a Mercedes, a Vicente, a Espe, a Marta y a Mari José por acogerme.

Los principales datos que sostienen el relato están sacados de la Encuesta Financiera de las Familias que elabora el Banco de España desde el año 2002. Gracias a Miguel, jefe de prensa de la institución, por permitirme resolver las dudas que tenía sobre ellos.

Durante los meses más intensos de escritura, que básicamente fueron marzo y abril, no paró de llover en Madrid. De no haber sido por mis amigas, siempre presentes, me habría tirado por la ventana. Nai, Margo, Sandra: gracias por el flujo constante de wasaps comentando todo lo que nos pasa en la vida y no dejando que haya un minuto de aburrimiento, ni siquiera cuando tratamos de proteger nuestra paz. Bea, por escuchar mis audios de ocho minutos. Alberto, por nuestros tiempos paralelos. Ana, por mirar mis primeras páginas con entusiasmo. Mariola, por ser la mejor hermana y por acompañarme en este viaje.

Y a todos los que me leéis, también, gracias.

BIBLIOGRAFÍA

1. Descifrando a Búmer Bumérez

Banco de España. (s. f.). *Encuesta Financiera de las Familias.* Recuperado el 11 de junio de 2025, de <https://app.bde.es/efs_www/visualize?lang=ES>.

@cholismx. (s. f.). «No falla Bumersindo Búmer Búmerez de Bumeria con su android con funda de tapa» [tuit], X. Recuperado el 11 de junio de 2025, de <https://x.com/cholismx/status/1862899438668116317>.

@crocotros. (s. f.). «Búmer Búmerez, auxiliar administrativo con 12 trienios, ha abierto el adjunto "Factura_Endesa.exe". La ciberseguridad de este país es un cachondeo» [tuit], X. Recuperado el 11 de junio de 2025, de <https://x.com/crocotros/status/1863185411067064325>.

@javi_fawkes90. (s. f.). «Que sí, José Luis, que no tenemos casa propia porque pagamos el Spotify y el Netflix y nadie nos quita la cañita del viernes» [tuit], X. Recuperado el 11 de junio de 2025, de <https://x.com/javi_fawkes90/status/1777058369792090222>.

La Sexta Xplica [@cdjavier_]. (7 de diciembre de 2023). «La equidad intergeneracional es pagarle la subida de la pensión de 4.000 euros a Búmer Bumérez y sus diez pisos con un sueldo de 1.500 euros» [tuit], X. Recuperado el 11 de junio de 2025, de <https://x.com/cdjavier_/status/1872658420836528513>.

Lorenz, T. (29 de octubre de 2019). «Ok Boomer Marks the End of Friendly Generational Relations», *The New York Times*. Recuperado de <https://www.nytimes.com/2019/10/29/style/ok-boomer.html>.

@PSOEfanAccount. (s. f.). «Tengo chavales en 2° de bachillerato que suspenden la asignatura y entienden mejor a Platón que Búmer Búmerez» [tuit], X. Recuperado el 11 de junio de 2025, de <https://x.com/PSOEfanAccount/status/1725413211007058306>.

2. La vida cañón

Cebrían, B., & Serrano, R. (22 de diciembre de 1985). «La jubilación mínima será en 1986 de 32.560 pesetas para mayores de 65 años con cónyuge a su cargo», *El País*. Recuperado de <https://elpais.com/diario/1985/12/22/economia/504054003_850215.html>.

Comunidad de Madrid. (26 de febrero de 2024). *La Comunidad de Madrid ofrece el más amplio programa de viajes para mayores de España con más de 325.000 plazas y 1.200 circuitos*. Recuperado de <https://www.comunidad.madrid/noticias/2024/02/26/comunidad-madrid-ofrece-amplio-programa-viajes-mayores-espana-325000-plazas-1200-circuitos>.

Instituto de Mayores y Servicios Sociales (IMSERSO). (2024). *Informes anuales 2001 y 2023*. Recuperado de <https://imserso.es/el-imserso/informes-anuales>.

Instituto de Mayores y Servicios Sociales (IMSERSO). (2024). *Previsión de precios para la temporada 2024/2025*. Recuperado de

<https://imserso.es/documents/20123/101573/preciosti2024 2025.pdf/7fd3f621-d7bf-6ab5-ac4e-38a09aadf471>.

Instituto Nacional de Estadística (INE). (2024). *Estadística del Padrón Continuo, 2024*. Recuperado de <https://www.ine.es>.

Instituto Nacional de Estadística (INE). (noviembre de 2024). *Informe de Coyuntura Turística Hotelera, octubre de 2024*. Recuperado de <https://www.ine.es>.

Jorrín, J. J. (14 de mayo de 2024). «La desigualdad generacional no frena: los jubilados son ya el grupo con más riqueza», *El Confidencial*. Recuperado de <https://www.elconfidencial.com/economia/2024-05-14/desigualdad-generacional-jubilados-grupo-mas-riqueza_3883144/>.

Mundo Gráfico. (1935). «Cómo se esperaba al gordo en los barrios bajos de Madrid». Recuperado de <https://images.app.goo.gl/sP812MEh7ZSDK3DFA>.

Oleaque, J. (2004). *En Éxtasis*. Barlin Libros.

Peinado, F. (7 de marzo de 2023). «El «Imserso» de alto nivel con el sello de la Comunidad de Madrid: viajes paradisíacos, no siempre al mejor precio», *El País*. Recuperado de <https://elpais.com/espana/madrid/2023-03-07/el-imserso-de-alto-nivel-con-el-sello-de-la-comunidad-de-madrid-cruceros-safaris-y-otros-viajes-paradisiacos-no-siempre-al-mejor-precio.html>.

Retail Actual. (10 de mayo de 2024). «La economía sénior mueve ya el 56 % del total de los bienes del gran consumo en España», *Retail Actual*. Recuperado de <https://www.retailactual.com/noticias/20240510/consumidor-senior-gasto-cesta-compra-familias-niq>.

Salvados. (26 de noviembre de 2023). *Salvados conoce las historias del Imserso: amor, soledad y disfrute tras una vida dedicada al trabajo* [programa de televisión], La Sexta. Recuperado de <https://www.lasexta.com/programas/salvados/salvados-conoce-historias-imserso-amor-soledad-disfrute-vida-dedicada-trabajo_20231126656 3b9321b48c300012b7548.html>.

3. Infancia boomer

ABC. (2 de mayo de 1959). «No queremos una España de proletarios, sino de propietarios». Recuperado de <https://cdndigital.march.es/fedora/objects/linz:R-73814/datastreams/OBJ/content>.

Barrena, M. (director). (2024). *El 47* [Película]. The Mediapro Studio. Distribuida por A Contracorriente Films.

Cabrera, L. (2021). *La vida no regalada*. Roca Editorial.

Calabuig, T., & Condor, M. Á. (Directores). (s. f.). *La ciudad es nuestra* [Documental]. Recuperado de <https://www.youtube.com/watch?v=RxpeFxtQXLs&t=990s&ab_channel=JOSELUISGOMEZGUERRA>.

Cobo Pulido, P. (s. f.). *Las asociaciones de cabezas de familia como cauce de representación: Un fallido intento de apertura del régimen franquista*. Recuperado de <https://www.researchgate.net/publication/286131739_Las_asociaciones_de_cabezas_de_familia_como_cauce_de_representacion_un_fallido_intento_de_apertura_del_regimen_franquista/fulltext/5666582808ae192bbf927ef2/Las-asociaciones-de-cabezas-de-familia-como-cauce-de-representacion-un-fallido-intento-de-apertura-del-regimen-franquista.pdf>.

Colectivo de Cine Polans. (1977). *Plan parcial de Vallecas. 1977. Madrid (España)* [Documental]. Recuperado de <https://archive.org/details/plan-parcial-vallecas-madrid-espana>.

De la Fuente, Á., & Doménech, R. (2019). *El nivel educativo de la población de España y sus regiones: actualización hasta 2019*. Recuperado de <https://fedea.net/evolucion-del-nivel-educativo-por-ccaa-desde-1960/>.

Gutiérrez Cueli, I. (s. f.). *Venir de barrio. Estrategias familiares, espacio y clase en los PAU de Madrid*. [Libro].

Instituto Nacional de Estadística (INE). (s. f.). *El anuario estadístico de España*. Recuperado de <https://www.ine.es/expo_anuarios/1945-1975.html>.

López Rey, F. (s. f.). *Orcasitas. Memorias vinculantes de un barrio* [Libro].

Pérez de Pablos, S. (19 de noviembre de 2001). «Protestas universitarias con mucha historia», *El País*. Recuperado de <https://elpais.com/diario/2001/11/19/educacion/1006124401_850215.html>.

Plaza, A. (20 de septiembre de 2024). «Las rojas que se infiltraron en una asociación de amas de casa y crearon la primera guardería de Madrid», *El Periódico*. Recuperado de <https://www.elperiodico.com/es/sociedad/20240920/rojas-infiltraron-asociacion-amas-casa-117962825>.

Reuters. (4 de septiembre de 2024). «Germany approves pension reform to incentivize later retirement», Reuters. Recuperado de <https://www.reuters.com/world/europe/germany-approves-pension-reform-incentivize-later-retirement-2024-09-04/>.

Reuters. (9 de octubre de 2024). «French lawmakers weigh political risk of curbing boomers' costly pensions», Reuters. Recuperado de <https://www.reuters.com/world/europe/french-lawmakers-weigh-political-risk-curbing-boomers-costly-pensions-2024-10-09/>.

Sánchez, R., & Plaza, A. (s. f.). *El mapa de las alturas de todos los edificios de España*. Recuperado de <https://www.eldiario.es/economia/mapa-alturas-edificios-catastro-vertical-urbanismo-espana-vive-pisos-casas_1_8331375.html>.

4. Yo corría delante de los grises

Díaz, A., & García, R. (24 de febrero de1986). «Cientos de miles de personas de toda España se manifiestan en Madrid para pedir la salida de la OTAN», *El País*. Recuperado de <https://elpais.com/diario/1986/02/24/espana/509583605_850215.html>.

El País. (11 de julio de 1989). «Los fallecimientos por consumo de heroína en España crecieron en un 70 % en el primer semestre de 1989», *El País*. Recuperado de <https://elpais.com/diario/1989/07/11/espana/616111206_850215.html>.

El País Semanal. (28 de junio de 2009). *Retrato de un país: cien ciudadanos cuentan sus vidas en plena crisis.*

García Sánchez, Á. (s. f.). «La Cartagena de *El año del descubrimiento*: 15.000 empleos destruidos por la reconversión industrial y un parlamento incendiado», *elDiario.es*. Recuperado de <https://www.eldiario.es/murcia/cultura/cartagena-ano-descubrimiento-reconversion-industrial-parlamento-incendiado-15-000-empleos-amenazados_1_7299781.html>.

García-Herraiz Bernal, P. (s. f.). *Estudio analítico acerca del impacto de la adhesión de España a la UE sobre la productividad y el empleo en los sectores industrial y turístico*. Recuperado de <https://repositorio.comillas.edu/jspui/bitstream/11531/69110/3/TFG%20-%20Garcia-Herraiz%20Bernal,%20Pablo.pdf>.

Instituto Nacional de la Seguridad Social. (1 de mayo de 2025). *Pensiones contributivas del sistema de la Seguridad Social en vigor*. Recuperado de <https://www.seg-social.es/wps/wcm/connect/wss/bd279979-09d6-4596-8f73-7e6e9f265b9d/REG202501.pdf?MOD=AJPERES&CONVERT_TO=linktext&CACHEID=ROOTWORKSPACE.Z18_2G50H38209D640QTQ57OVB2000-bd279979-09d6-4596-8f73-7e6e9f265b9d-piXqQmx>.

López Carrasco, L. (director). (s. f.). *El año del descubrimiento* [Documental].

Martín Arce, J. M. (s. f.). *La fase dura de la reconversión industrial: 1983-1986*. Recuperado de <https://pdfs.semanticscholar.org/7eb8/7f580e7825dfa321014f6e025193643166c5.pdf>.

Rodríguez, E. (s. f.). *Por qué fracasó la democracia en España* [Libro].

Ruiz, R. (2024, 10 de septiembre). «La brecha educativa: la mitad norte de España, con casi el doble de nivel formativo que el sur», *La Razón*. Recuperado de <https://www.larazon.es/sociedad/brecha-educativa-mitad-norte-espana-casi-doble

-nivel-formativo-que-sur_2024091066e00c003c8787000 1807189.html>.

5. Un trabajo para toda la vida

Argandoña, A. (s. f.). *Una historia del desempleo en España.* [Libro].

@hanzhong16. (s. f.). «Si no se han dado más golden visas es gracias a que los interesados se dieron de bruces contra el Leviatán español, el verdadero poder en la sombra: Charo Charez en la ventanilla del consulado atendiendo de 10 a 12 de la mañana de martes a jueves y solo con cita previa» [tuit], X. Recuperado de <https://x.com/Hanzhong16/status/1777362272567836686>.

Instituto Nacional de Estadística (INE). (2023). *Encuesta de Población Activa, 4º trimestre de 2023.* Recuperado de <https://www.ine.es>.

Ministerio de Función Pública. (2024, julio). *Boletín Estadístico del Personal al Servicio de las Administraciones Públicas.* Recuperado de <https://digital.gob.es/content/dam/sgad/sefp/es/portalsefp/funcion-publica/rcp/boletin/NoticiaBEPSAPEnero_julio024.pdf>.

Puertas, N. (2019). *Al menos tienes trabajo.* Editorial Antipersona.

Villarino, Á., & Jorrín, J. G. (1 de julio de 2017). «Llega el gran relevo generacional: un millón de plazas a oposición en solo diez años», *El Confidencial.* Recuperado de <https://www.elconfidencial.com/economia/2017-07-01/oposiciones-empleo-publico-convocatorias-relevo-generacional_1408101/>.

6. La casa pagada

El País. (22 de septiembre de 1984). «José Banús, el promotor inmobiliario del «Régimen», falleció ayer en Madrid», *El País.* Recuperado de <https://elpais.com/diario/1984/09/22/economia/464652015_850215.html>.

El Periódico. (11 de abril de 2023). «El gran mapa de las segundas residencias: estos son los municipios en los que más gente tiene una», *El Periódico.* Recuperado de <https://www.elperiodico.com/es/sociedad/20230411/mapa-segundas-residencias-espana-117961607>.

Eurostat. (s. f.). *Distribution of population by tenure status, type of household and income group.* Recuperado de <https://ec.europa.eu/eurostat/web/products-datasets/-/ilc_lvho02>.

Fernández Carbajal, A. (2003). «La política de vivienda en España durante el franquismo», *Ciudad y Territorio: Estudios Territoriales* (138), 639-654. Recuperado de <https://recyt.fecyt.es/index.php/CyTET/article/download/75429/45943>.

Idealista. (9 de enero de 2012). «¿Cuánto ha subido en los últimos 26 años el precio de la vivienda nueva en tu ciudad?», Idealista. Recuperado de <https://www.idealista.com/news/inmobiliario/vivienda/2012/01/09/379053-cuanto-ha-subido-en-los-ultimos-26-anos-el-precio-de-la-vivienda-nueva-en-tu-ciudad-tabla>.

Plaza, A. (6 de marzo de 2019). «Cuando Madrid tuvo una ley de casas baratas y las constructoras la usaron hasta para hacer palacetes», *elDiario.es.* Recuperado de <https://www.eldiario.es/madrid/madrid-baratas-constructoras-usaron-palacetes_1_1746637.html>.

Plaza, A. (29 de marzo de 2021). «¿Quién tiene una casa en España? La brecha entre propietarios e inquilinos, por comunidades», *elDiario.es.* Recuperado de <https://www.eldiario.es/economia/casa-espana-brecha-propietarios-e-inquilinos-comunidades_1_7392530.html>.

Rodríguez López, E. (2022). *El efecto clase media: Crítica y crisis de la paz social* (Colección Prácticas Constituyentes, n.º 26). Traficantes de Sueños.

Servimedia. (26 de diciembre de 2007). «Los españoles tardan ahora el triple en pagar su vivienda que en el año 1990», *El Mundo.* Recuperado de <https://www.elmundo.es/elmundo/2007/12/26/suvivienda/1198668549.html>.

7. ¡A por la parejita! La familia boomer

Del Olmo, C. (2013). *¿Dónde está mi tribu? Maternidad y crianza en una sociedad individualista.* Clave Intelectual.

Delclós Gómez-Morán, C. E. (2014). *Explicaciones culturales y estructurales de la fertilidad: el caso de España a principios del siglo xxi* [tesis doctoral, Universitat Pompeu Fabra]. Repositori UPF. Recuperado de <https://repositori.upf.edu/handle/10230/283090>.

Instituto Nacional de Estadística (INE). (2004). *Encuesta de Empleo del Tiempo 2002–2003. Tomo I: Resultados nacionales.* INE. Recuperado de <https://ine.es/daco/daco42/empleo/empleotiempo03_nacional.pdf>.

8. Energía de divorciada

Dioni López, J. (2021). *La España de las piscinas.* Arpa Editores.

El Confidencial. (15 de septiembre de 2019). «¿Cuánto cuesta la casa de *Médico de familia*? Así es el chalet de la serie de Telecinco», *El Confidencial.* Recuperado de <https://www.elconfidencial.com/television/series-tv/2019-09-15/medico-de-familia-casa-chalet-conde-orgaz-emilio-aragon_2223239/>.

Instituto Nacional de Estadística (INE). (2024). *Atlas de distribución de renta de los hogares, 2022.* Recuperado de <https://www.ine.es>.

Instituto Valenciano de Investigaciones Económicas (IVIE). (2024). *Distribución geográfica de la renta de los hogares en España.* Fundación Ramón Areces. Recuperado de <https://www.ivie.es>.

LLANERAS, K. (14 de julio de 2022). «¿Sabes cómo de rico eres? Averigua tu posición en la escala del dinero, por renta y patrimonio», *El País*. Recuperado de <https://elpais.com/actualidad/newsletter-kiko-llaneras/2022-07-14/sabes-como-de-rico-eres-averigua-tu-posicion-en-la-escalera-del-dinero-por-renta-y-patrimonio.html>.

9. Todos somos clase media

BERNÀCER, Ó. (director). (2016). *El hombre que embotelló el sol* [Documental]. Nakamura Films.

RODERO, P. (10 de julio de 2021). «Cuatro décadas de divorcio legal y de cambio de valores en España: "Me arrepiento de no haberlo hecho antes"», *20 Minutos*. Recuperado de <https://www.20minutos.es/noticia/4861187/0/cuatro-decadas-divorcio-legal-cambio-valores-espana-me-arrepiento-no-haberlo-hecho-antes>.

ROSADO, B. (s. f.). *Proyecto Ecovio*. Recuperado el 11 de junio de 2025, de <https://ecovioeduca.com/>.

10. Los prejubilados de oro

GUINDAL, M. (2011). *El declive de los dioses*. Booket.

LÓPEZ, I., & RODRÍGUEZ, E. (2010). *Fin de ciclo: financiarización, territorio y sociedad de propietarios en la onda larga del capitalismo hispano (1959-2010)*. Traficantes de Sueños.

MÉNDEZ, R., BLANCO, A., & GRASSO, D. (30 de diciembre de 2016). «Reyes de la precariedad: así hunden salarios las multiservicios con la reforma laboral», *El Confidencial*. Recuperado de <https://www.elconfidencial.com/empresas/2016-12-30/precariedad-reforma-laboral-empresas-multiservicios-convenios_1308910/>.

Rosado, J. (8 de diciembre de 2023). «Casi 50.000 trabajadores han dejado Telefónica a través de ERE o planes incentivados de jubilación desde 1999», *El Debate.* Recuperado de <https://www.eldebate.com/economia/20231208/casi-50000-trabajadores-han-dejado-telefonica-traves-ere-planes-incentivados-jubilacion-desde-1999_158963.html>.

Secretaría de Estado de Seguridad Social y Pensiones. (s. f.). *Informe sobre el acceso a la pensión de jubilación anticipada para trabajadores con carreras de cotización largas.* Senado de España. Recuperado de <https://www.senado.es/web/expedientappendixblobservlet?id1=117989&id2=1&legis=14>.

11. El casero boomer

Fotocasa. (27 de noviembre de 2020). «Más de 1.000 viviendas a la venta en el primer salón inmobiliario de pisos de nuda propiedad», Fotocasa Life. <https://www.fotocasa.es/fotocasa-life/compraventa/el-primer-salon-inmobiliario-de-pisos-de-nuda-propiedad-ofertara-mas-1-000-viviendas-de-toda-espana/>

Gil, J., Vidal, L., & Martínez, M. A. (s. f.). *¿Cómo afectará el control del precio de los alquileres a los caseros?* Instituto de Investigación Urbana de Barcelona.

Instituto Nacional de Estadística (INE). (13 de febrero de 2025). *Encuesta de Condiciones de Vida (ECV). Año 2024. Resultados definitivos.* <https://ine.es/dyngs/Prensa/es/ECV2024.htmhuffingtonpost.es+7ine.es+7ine.es+7>.

Molet, E. (2017). *¡Vendido! ¡Vendido! ¡Vendido!: Marketing de guerrilla para emprender. El éxito inmobiliario de Eduardo Molet.* ViveLibro.

Monforte, M. (2021, 14 de abril). «La "abuela María" sale de la negociación sobre la bajada de los alquileres», *infoLibre.* <https://www.infolibre.es/politica/abuela-maria-sale-negociacion-bajada-alquileres_1_1211431.html>.

Observatori Metropolità de l'Habitatge de Barcelona. (2023). *Estructura y concentración de la propiedad de viviendas en la ciudad de Barcelona.* <https://www.ohb.cat/es/project/estructura-y-concentracion-de-la-propiedad-de-viviendas-en-la-ciudad-de-barcelona-2023/>.

Plaza, A. (23 de marzo de 2021). «Los incentivos fiscales al alquiler le cuestan a España mil millones al año y benefician a las rentas más altas», *elDiario.es.* <https://www.eldiario.es/economia/incentivos-fiscales-alquiler-le-cuestan-espana-mil-millones-ano-benefician-rentas-altas_1_7249320.html>.

@sergi_cruz. (10 de noviembre de 2021). «Desolado por parar este visionado de la Isla porque mañana hay que cotizar para pagarle la pensión al casero… pero peor sería estar en el pellejo de Álvaro» [tuit], X. <https://x.com/sergi_cruz/status/1458573121150140416>.

Yebra, D., Bolinches, C. G., & Jara, Y. (2024, 3 de julio). «Radiografía de un país de "pequeños" rentistas: tres millones de familias tienen ingresos por alquiler», *elDiario.es.* <https://www.eldiario.es/economia/radiografia-pais-pequenos-rentistas-tres-millones-familias-ingresos-alquiler_1_11494665.html>.

12. Cuarenta años cotizados

Autoridad Independiente de Responsabilidad Fiscal (AIReF). (2025). *Informe sobre la evaluación de la regla de gasto en pensiones.* Recuperado de https://www.AIReF.es/wp-content/uploads/2025/03/Informe_regla_de_gasto_de_pensiones/Informe.pdf europapress.es+10airef.es+10airef.es+10

Conde-Ruiz, J. I., & González, C. I. (2018). *European Pension System: Bismarck or Beveridge?* Fundación de Estudios de Economía Aplicada (FEDEA). Recuperado de <https://documentos.fedea.net/pubs/dt/2018/dt2018-01.pdfdocumentos.fedea.net>.

De la Cruz, S. (9 de mayo de 2025). «El Tribunal de Cuentas eleva el déficit de la Seguridad Social a casi 100.000 millones de euros y alerta de "desequilibrios" por la falta de recursos», *El Economista*. Recuperado de <https://www.eleconomista.es/economia/noticias/13348132/05/25/el-tribunal-de-cuentas-eleva-el-deficit-de-la-seguridad-social-a-casi-100000-millones-de-euros-y-alerta-de-desequilibrios-por-la-falta-de-recursos.html>.

@diasenpensiones. (s.f.). Publicaciones en X [Perfil de red social]. Recuperado el 11 de junio de 2025, de <https://x.com/diasenpensiones>.

Díaz-Giménez, J. (2024). «¿Qué hay de lo mío? Las pensiones y el ahorro complementario para la jubilación en España», Trade Republic Bank. Recuperado de <https://documentacion.fundacionmapfre.org/documentacion/publico/es/bib/186331.dodocumentacion.fundacionmapfre.org>.

Fernández-Villaverde, J. (8 de marzo de 2025). «Pensiones y racionalidad (II)», *El Confidencial*. Recuperado de <https://blogs.elconfidencial.com/economia/la-mano-visible/2025-03-08/pensiones-racionalidad-ii_4079510/>.

13. Boomers después de la muerte

Burn-Murdoch, J. (18 de abril de 2024). «Forget boomers vs millennials, the next conflict is millennials vs each other», *Financial Times*. Recuperado de <https://www.ft.com/content/46d8bd13-1be1-4c59-8be7-d30f9d756d92>.

Instituto Nacional de Estadística (INE). (2025). *Índice de Precios de Vivienda (IPV). Base 2015. Primer trimestre de 2025*. Recuperado de <https://ine.es/dyngs/INEbase/es/operacion.htm?c=Estadistica_C&cid=1254736152838&idp=1254735976607&menu=ultiDatos>.

Manzano, D. (dir.). (2024). «Demografía, vivienda y brechas de riqueza», Fundación Afi Emilio Ontiveros. Recuperado de <https://fundacionafi.org/demografia-vivienda-y-brechas-de-riqueza/>.

Plaza, A. (2020). «Ni gente sin casa, ni casas sin gente», *Revista Salvaje* (3), 112. Recuperado de <https://revistasalvaje.com/ni-gente-sin-casa-ni-casas-sin-gente/>.

Plaza, A. (26 de agosto de 2024). «Las herencias permiten una de cada cinco adquisiciones de vivienda en España: "Puede crear hijos vagos"», *El Periódico*. Recuperado de <https://www.elperiodico.com/es/sociedad/20240826/herencias-permiten-cinco-adquisiciones-vivienda-117963063>.

Sánchez, R., Oliveres, V., & Bolinches, C. G. (25 de febrero de 2024). «¿Dónde hay más viviendas vacías? El mapa de casi cuatro millones de casas sin habitar municipio a municipio», *elDiario.es*. Recuperado de <https://www.eldiario.es/economia/hay-viviendas-vacias-mapa-casas-habitar-municipio-municipio_1_10341710.html>.